Die Leichtigkeit des Zen

Adelheid Meutes-Wilsing

Judith Bossert

Die Leichtigkeit des Zen

Zen im Alltag

Theseus

Theseus im Internet: http://www.Theseus-Verlag.de

Die Deutsche Bibliothek – CIP-Einheitsaufnahme
Meutes-Wilsing, Adelheid:
Die Leichtigkeit des Zen : Zen im Alltag /
Meutes-Wilsing, Adelheid ; Judith Bossert. -
Org.-Ausg.- Berlin : Theseus Verl., 2000
ISBN 3-89620-150-6

Originalausgabe

Lektorat: Ursula Richard

Titelgestaltung: Morian & Bayer-Eynck, Coesfeld
Fotos im Innenteil: MultimediaWerkstatt, Peter Ruthardt
Zeichnungen: Judith Bossert
Gestaltung und Satz: AS Grafik & Satz, Berlin
Druck: Wiener Verlag, Himberg
Printed in Austria

ISBN 3-89620-150-6

Gedruckt auf alterungsbeständigem Papier mit chlorfrei gebleichtem Zellstoff

INHALT

VIERTER TEIL

Zenrituale

Jeder, der weiß, worum es im Zen geht, weiß auch, dass das Wesen des Zen nicht in Worte zu fassen ist. Und trotzdem stehen in den Regalen der Buchhandlungen immer mehr Bücher über Zen. Vermutlich nicht nur, weil Zen gerade »in« ist oder weil wir Menschen nun einmal von Worten fasziniert sind, sondern auch, weil wir uns die Frage nach unserem Leben, nach dessen Sinn immer wieder neu zu beantworten suchen. Was ist das Leben? Was ist der Tod? Wieso scheinen wir Menschen so vieles im Griff zu haben, ohne jedoch unser persönliches Leben sinn- und freudvoll gestalten zu können? Warum tun wir uns damit so schwer? Warum leben wir nicht einfach fröhlich hüpfend und tänzelnd wie ein Kind, das von einer Pfütze zur anderen springt?

Wenn wir 0 – 10 Jahre sind, wissen wir es noch genau: Wir essen, trinken, lachen, weinen, entdecken die ganze Welt, bauen im Sand eine Burg und zerstören sie, dann und wann schlafen wir.

Wenn wir 18 sind, wissen wir es noch immer genau, sogar besser als alle anderen und fühlen uns erwachsen.

Wenn wir 30 sind, wissen wir es nicht mehr so genau, aber wir haben genug studiert, um so zu tun als ob.

Wenn wir 40 sind, wissen wir es nicht mehr und denken, dass wir etwas falsch gemacht hätten. Wir suchen uns vielleicht einen neuen Job, eine neue Wohnung, eine neue Partnerin oder einen neuen Partner und eventuell möchten wir noch ein Kind bekommen.

Wenn wir 50 sind, wissen wir, dass wir es wirklich gar nicht mehr wissen und suchen Erleuchtung und Erleichterung vom Nicht-Wissen. Dann fangen manche von uns an, Zenbücher zu lesen. (Viele tun dies natürlich schon viel eher.) Vielleicht, so hoffen wir, hat Zen uns ja etwas zu sagen, das uns in einer Zeit hilfreich ist, in der wir hier im Westen so unsicher geworden sind bezüglich der Werte unserer eigenen Kultur, Religion oder Lebensauffassung. Und dies auszuprobieren, um es am eigenen Leib zu erfahren, damit haben wir dann die nächsten Jahrzehnte unseres Lebens zu tun.

Ein volles Regal mit Zenbüchern bedeutet, dass Verlage vielen Zenlehrenden oder AutorInnen die Gelegenheit geben, ihr Teilchen der »Wahrheit« mitzuteilen. Wir können es einfach nicht lassen, immer noch weitere Worte zu suchen und zusammenzustellen, um dem Ungreifbaren klarer seinen eigenen, einmaligen Platz in uns zu geben. Und wir können es nicht lassen, das, was wir gefunden haben, anderen mitzuteilen, so wie Kinder, die ein glänzendes Steinchen in der großen Erde gefunden haben, es anderen zeigen wollen.

Worte springen über den Rand,
Worte blitzen hin und her,
Worte kommen näher.
In Ehrfurcht hören wir zu,
frei von Angst hören wir zu
mit immer mehr Wärme.
Das Blau färbt sich langsam rot.
Das Leben lebt uns weiter
in ungekannten Tiefen.

Wir danken allen unseren LehrerInnen.

Wir danken der Erde, dem Wald, dem Bügeleisen, dem Fahrrad, dem Computer, dem Westen, dem Osten, den Wolken, der Sonne und den Stechmücken im Sumpf.

Und wir danken Ursula Richard, die uns zu diesem Buch und mit diesem Buch vorangetrieben hat.

judith 2/97

Die Leichtigkeit des Zen

Einführung

Schritt vor Schritt
– manchmal zögernd –
gehe ich über die Brücke
zwischen Nichts und Nirgendwo.

Vor nun fast dreißig Jahren erzählte einer meiner späteren Zenlehrer in einem Vortrag mit glaubwürdiger Natürlichkeit, dass er voll konzentriert auf seine Körpermitte und seine Körperbewegung, seinen Atem beobachtend, in gelassener Ruhe durch die hektische Stadt Tokio gehe. Dabei seien seine Sinne hellwach und sein Geist höchst aktiv. Damals dachte ich: »Du kannst hier viel erzählen.« Aber mein Interesse an Zen war geweckt. Ich wollte es wissen. Da dieser Zenlehrer wieder in den fernen Osten flog, begann ich Bücher über Zen zu lesen. Ich verstand nichts. Ich begann Sinologie zu studieren. Ich lernte, dass Zen seinen Ursprung im China des ersten Jahrtausend hat. Ich entdeckte, dass die asiatischen Sportarten und viele moderne physiotherapeutische Heilmethoden ihren Ursprung im Zen haben. Viele grundlegende Gedanken der Psychologie haben ihre Wurzeln in Zen.

Philosophische Ideen eines Schopenhauer oder Nietzsche fand ich im Zen wieder. Christliche Mystiker wie Meister Eckhardt oder Theresa von Avila schienen die gleichen Erfahrungen wie Zenmeister aus dem alten

China oder Japan auszudrücken, aber letztere betonten ganz energisch: Nicht durch Lesen, Studieren und Diskutieren kannst du das Wesen des Zen erfahren. Nur die Übung der Achtsamkeit auf deinen Atem und die Tätigkeiten deines Körpers und deiner Sinne in dir und außerhalb von dir führen dich zum Kern deiner Wesensnatur – zum Zen.

Zenmeister Nyogen Senzaki sagte häufig, dass Zen weder eine auf Glauben basierende Religion noch eine Art spekulativer Philosophie sei: »Zen ist etwas, das erfahren werden muss und nicht erklärt. Wissenschaftliche Erkenntnis wird erlangt und entwickelt durch logische Schlüsse, aber Zen basiert einzig auf Intuition und hat eine so umständliche Methode nicht nötig. Zen ist die Verwirklichung des selbstlosen Lebens.«

Lass dich auf die Übung ein, so verstand ich, dann wirst du lernen, dich in Gelassenheit, in Ruhe und in voller Konzentration auf alle Dinge im Großstadtgewühl bewegen zu können.

Das Wesen des Zen war also eine praktische Angelegenheit. Das gefiel mir außerordentlich gut.

Heute weiß ich, dass es keinen Unterschied macht, ob ich in der Hektik einer Großstadt gehe oder in der Stille unserer Eifelwälder. Es sind nur zwei Seiten einer Medaille. Ruhe und Hektik. Das Aufheulen eines Automotors und das Zwitschern der Vögel.

Auf meine Konzentration, auf meine Achtsamkeit, auf meine Sicht der Dinge, auf meine Gelassenheit, auf meinen Geist und Körper – seine Ruhe und Aktivität – kommt es an.

Was ist Zen?

»Was ist Zen?«, fragte der Schüler. »Die blühende Pfingstrosenhecke«, antwortete der Zenmeister.

Die Frage »Was ist Zen?« ist bereits neunundneunzig Mal gestellt worden. Es gibt schon neunundneunzig bekannte Antworten. Aber die einzige, echte, wirkliche Antwort können nur wir selbst uns geben. Der Lehrer, die Lehrerin kann nur immer wieder mit dem Finger auf die Antwort zeigen.

Wenn wir jetzt einmal von diesem Buch hochschauen – was kommt zuerst in unser Blickfeld? Ist es vielleicht unser Lieblingsbild an der Wand? Das ist das Bild des Zen.

Was duftet jetzt so herrlich in unserem Zimmer? Ist es der Duft des Rosenstraußes, der das Zimmer erfüllt? Das ist der Duft des Zen, der unsere Nase erreicht.

Weich und mollig warm fühlt sich unser neuer Pullover auf unserer Haut an. Das ist das Gefühl des Zen, das unsere Haut warm und wohlig streichelt.

Leise Musik erfüllt den Raum und bringt unseren Körper zum Schwingen. Das ist die Melodie des Zen, die in unseren Ohren erklingt.

Trinken wir eine Tasse Tee und genießen seinen zarten, blumigen Jasmingeschmack, so ist das der Geschmack des Zen, der auf unserer Zunge zergeht.

Wir sitzen locker, entspannt und ruhig, aber aufrecht in unserem Sessel, um unsere Wirbelsäule zu schonen und unseren Atem frei fließen zu lassen. Alles ist still. Die Abendsonne scheint in unser Zimmer, der Duft der Rose und der Jasmintee füllen uns aus. Die warme Tasse Tee in unseren Händen erwärmt uns durch und durch. Das ist Zen.

Das Telefon klingelt, wir nehmen in Ruhe und Gelassenheit den Hörer ab und führen ein freundschaftliches Gespräch. Das ist Zen.

Wir stehen auf und gehen in Achtsamkeit auf unsere Körperbewegungen zum Balkon. Dort erfreuen wir uns an diesem herrlichen Sonnenuntergang, der anders ist als alle Sonnenuntergänge, die wir je gesehen haben. Das ist Zen.

Legen wir uns in den Liegestuhl und beobachten das ruhige, gleichmäßige Atmen unseres Körpers, so ist auch das Zen.

Das Zen des japanischen Dichters Sôjô sah einmal so aus:

Im sanften Windhauch
und Sonnenlichte flüstern
die Sommerbäume.

Warum Zen?

Das Wesen des Zen ist Leichtigkeit und Heiterkeit

Zen lehrt uns gelassene Heiterkeit.
Zen führt uns zur Leichtigkeit des Seins.
Zen lehrt uns Lebensfreude im alltäglichen Tun.

»Vergesst nicht, euer Leben in Heiterkeit zu leben!«, fordert uns der japanische Zenmeister und Philosoph Dogen Zenji (1200 – 1253) auf. Dogen Zenji ist der Begründer der Soto-Zenschule in Japan und des noch heute berühmten Klosters Eihei-ji.

Einige Jahrhunderte früher finden wir in den Bergen Chinas einen verwilderten Gesellen mit verwüstetem Haarschopf und zerlumpten Kleidern, der Gedichte an Felswände pinselt. Mit zwei ebenso wilden Gestalten, dem Findling Shi-te und dem Ch'an-Meister Feng-Kan, sehen wir ihn grinsend, lachend und gestikulierend über schriftlose Schriftrollen die tiefen Geheimnisse der Lehre des Ch'an (jap. Zen) und des Taoismus diskutieren. Diese drei Lausbuben des Ch'an aus dem alten China des siebten Jahrhunderts sind das Symbol der Kraft des gesammelten Geistes und werden als die »Tiger vom Kalten Berg« bezeichnet.

Gibt's was zu freuen – freue dich daran
Wir dürfen wahrlich keine Zeit verschwenden!
Man sagt, das Menschenleben dauere hundert Jahr
Doch wer erlebt schon ganze dreißigtausend Tage?
Wir sind in dieser Welt nur einen Augenblick
Verschwende ihn doch nicht mit Streiterei um Geld

Im Japan des 15. Jahrhunderts treffen wir auf Meister Ikkyu (1394 – 1481), der als der Till Eulenspiegel des japanischen Zen gesehen wird. Er genießt die Leichtigkeit und Heiterkeit auch im Freudenhaus und mit seiner geliebten blinden Shin. Daraus keinen Hehl machend, verfasst er zauberhafte Gedichte. Über sich selbst schreibt er:

Ein Wirbelwind,
so fege ich umher
und mache Wind.
Zu Hause
in Schenken und Freudenhäusern –
Von den gelehrten Mönchen
wer käme da
mich zu begrüßen –
Norden, Süden
Osten, Westen.
Ich bin nicht festzunageln!

Der liebenswürdige und warmherzige Zenvagabund Meister Ryokan (1758 – 1831) spielt am liebsten mit den Kindern Ball. Deshalb trägt er immer einen Stoffball in der Hosentasche. Seine Gedichte handeln von der Natur, seinen Freunden, seiner Altersliebe – der jungen Nonne Teishin – und von Kindern.

Hosen zu kurz,
Hemd zu lang,
mir selbst zulächelnd
versuche ich, geradeaus zu gehen.

Der 1907 geborene Zenmeister Sasaki Joshu ruft uns aus Los Angeles in Kalifornien zu:

Ihr müsst euch verlieben und
vor Freude über die Hecke springen.

Dieser dicke, kleine, streitbare Mann, der mit seinem tiefen Lachen alle in seiner Umgebung ansteckt, ist der älteste noch lebende Zenmeister aus der Reihe japanischer Meister, die sich in den fünfziger und sechziger Jahren in Amerika niederließen. Er kam in die USA, wie er sagte, um die Amerikaner das Lachen zu lehren.

Der vietnamesische Meister Thích Nhât Hanh antwortet auf die Frage, warum er eine Glatze habe: »Damit spare ich Shampoo!«

All diese Meister sind einfach, schlicht, natürlich und durchdrungen von Lebensfreude, aber diszipliniert und konsequent in der Übung. So bringen sie in ihrem persönlichen Leben die Leichtigkeit des Seins zum Ausdruck. Ihnen geht es nicht um komplizierte, abstrakte Diskussionen über den Sinn des Lebens. Sie fragen nicht nach dem Warum, Weshalb und Wieso der Ereignisse; sie interpretieren keine tausend Möglichkeiten in die Dinge des Seins hinein. Ein Baum ist ein Baum. Die Erdbeere ist rot. Das ist alles. Sie bringen den Augenblick zum Ausdruck, spontan, treffend und klar. So ist es, nicht mehr und nicht weniger, lehren sie uns. Ursachenforschung, Abwägen der Wirklichkeit und Herausarbeiten vieler Möglichkeiten sind nicht ihr Metier. Sie sind spontan und direkt, ohne Urteil in ihren Handlungen und Äußerungen. So drücken sie die Heiterkeit und Leichtigkeit des Seins spielerisch, aber voll und ganz in ihrem Wesen aus.

Das Leben in seiner ganzen Fülle geschieht in der vollen Achtsamkeit auf diesen augenblicklichen Moment. Das ist aktive Teilnahme am Schöpfungsakt des Lebens. Das ist die spirituelle Handlung des Zen. Zen ist kein leeres Gerede über Erleuchtung, sondern Achtsamkeit im alltäglichen Tun. Die Gedanken über unseren Alltag sind oft vernebelt. Viele denken: »*Das kann doch nicht alles im Leben sein?*« Den spirituellen Weg schlagen sie mit dem Ernst eines Bergsteigers ein, der den K2 um des Gipfelerlebnisses willen bezwingen will. Zen aber lehrt, dass das Diesseits auch Leichtigkeit und Freude und nicht nur Ernst und Leiden ist. Somit besteht eine grundlegende Übung des Zen darin, dass wir zur Freude am Leben (zurück-)finden in den alltäglichen Dingen, dem Sonnenuntergang, dem Gezwitscher der Vögel, dem Duft des Flieders, dem Gemüse aus dem eigenen Garten und dem Wind, der mit den Haaren spielt. Zen bedeutet Freude am spirituellen Weg; bedeutet, Lebensfreude zu erfahren, die in den Alltag übernommen wird und so das tägliche Leben neu gestaltet. Der Weg der Achtsamkeit führt uns von Ereignis zu Ereignis; hören wir Musik, von Ton zu Ton. Wenn wir in Achtsamkeit den Augenblick erhaschen und ihn voll erfahren, hören wir darin *unsere* Lebensmelodie. Dann tanzen wir in *unserem* persönlichen Rhythmus. Dann erfahren wir die Leichtigkeit des Seins in unserem einmaligen Ausdruck als das Spiel *unseres* Lebens. Dann entfaltet sich die Lebensfreude in unserem Wesen von selbst. Diese Freude ist nicht gekünstelt *(keep smiling)* und wird nicht beeinflusst von allen Turbulenzen im Meer der Ereignisse unseres Lebens. Diese Heiterkeit schließt die Tränen eines Harlekins mit ein und auch die Hoffnungslosigkeit eines Ritters von der traurigen Gestalt, der gegen Windmühlen kämpft.

Haben Sie Lust auf Zen bekommen?

Dann möchten wir Ihnen jetzt einige grundlegende, einige alltäglich-praktische und einige ritualisierte Wege des Zen vorstellen.

Vergessen Sie nicht, diese Wege in Heiterkeit und Leichtigkeit zu gehen, sonst verfehlen Sie sie, wie intensiv und wie viele Tage, ja sogar Jahre Sie auch üben mögen.

Der Abendregen fällt.
Sie sitzen in Ihrem Sessel.
Strecken Sie die Beine aus.
Und lesen Sie!

Zenwege

Wir möchten Ihnen in diesem Buch einige der neunundneunzig Zenwege aufzeigen. Doch den einzigen wahren Zenweg, den hundertsten Weg, den müssen Sie selbst gehen.

Wir zeigen Ihnen den Weg der Achtsamkeit, das Hier und Jetzt im Atmen, im Sitzen, im Gehen, im Stehen und Liegen. Denn Zen ist körperlich.

Wir führen Sie so zum Duft des Zen, zum Licht und zur Dunkelheit der Farb- und Formenpracht des Zen, zum Geschmack des Zen, zum Fühlen in Achtsamkeit und beschreiben, wie die Gedanken aufkommen und vorbeiziehen, so wie weiße Wolken am Himmel.

Zen ist der Weg der einen Tat in diesem Augenblick.

Der Zenweg am Morgen besteht darin, Ihren Meister in sich wach zu rufen. Der Weg des Zen ist der Weg des »Anfängers«, und so erleben Sie alles als frisch und neu auf Ihrem täglichen Weg zur Arbeit. Der Zenweg durch das Großstadtgewühl ist das ziellose Ziel des Zen, während der Computer im Büro Ihr Zenweg ist zur Datenautobahn.

Gehen Sie unbeirrt den Zenweg im Straßengewirr; erleben Sie die Kasse im Supermarkt als Ihren Zenweg. Lassen Sie den Friseurstuhl Ihr Meditationskissen sein. Machen Sie aus Ihrem Stammcafé Ihr persönliches Zencafé.

Verwandeln Sie Ihre Wohnung in eine Zenwohnung. Es ist leichter, als Sie denken. Machen Sie sich leer. Lassen Sie auf Ihrem Zenweg allen Ballast am Straßenrand stehen.

Nutzen Sie Ihre tägliche Hausarbeit, um voll im Augenblick zu leben. Lassen Sie dabei in Ihrem Handeln Subjekt und Objekt zusammenfallen. Versinken Sie in die Einheit aller Dinge: Werden Sie ein Hand-Bügeleisen-Hemd. Werden Sie ein Jacken-Knopf-Nadel-Faden-Objekt-Subjekt.

Schwingen Sie auf Ihrem Zenweg im Rhythmus des Fahrrades. Tanzen Sie den Zentanz des Balls beim Tennis, Golf und Fußball. Lassen Sie den Dingen ihren Lauf, und schwimmen Sie im Rhythmus des Kosmos.

Manchmal kommt der Schlaf, und manchmal kommt er nicht auf Ihrem Zenweg. Sie werden sehen, auch Ryokan konnte nicht immer schlafen.

Betrachten Sie Ihre Hortensie und erkennen Sie deren Zenweg als den Ihren an.

Auch auf dem Zenweg müssen Sie Krankheit und Erfolglosigkeit akzeptieren. Leben und Tod sind zwei Seiten einer Medaille. Doch bedenken Sie: Wir sind ein Teil der Erde.

Rituale sind das Salz des Zenweges: Würzen Sie Ihren Zenweg damit. Meditieren Sie täglich. Machen Sie einen »Tag der Achtsamkeit«. Treffen Sie sich wöchentlich mit Gleichgesinnten zum Meditieren. Feiern Sie mit Freunden ein Zenjahreszeitenfest.

Besuchen Sie ab und zu ein »Wochenende der Achtsamkeit« in einem Zenzentrum. Nehmen Sie einmal im Jahr an einer Schweigewoche in einem Zentrum oder Zenkloster teil.

Betreten Sie den Zenweg durch dreizehn Tore der Achtsamkeit.

Der Zenweg besteht darin, uns von all dem Ballast zu befreien, der sich im Laufe der Jahre in uns angesammelt hat und uns die klare Sicht auf die Wirklichkeit unseres Daseins versperrt. Befreien wir uns von dem Geschwätz, der Fragerei und der ständigen Interpretation in unserem Kopf. Sehen, hören, riechen, schmecken, fühlen wir einfach nur ganz offen und rein. Erleben wir mit unserer ganzen Persönlichkeit diesen einen Augenblick. Erfahren wir die Umwelt mit allen Sinnen, Gefühlen und Körperbewegungen. Und die Leichtigkeit der Ereignisse stellt sich von ganz allein ein.

Welches Bild entsteht zuerst, jetzt in diesem Moment in uns: Ist es ein Geräusch, ein Klang, eine Farbe, ein Duft, ein Geschmack, ein Wort, eine mathematische Formel? Registrieren wir dies ohne Wenn und Aber. Vermutlich fällt uns das schwer. Aber genau das ist die Übung. Registrieren wir genau: Freude kommt auf in uns, sie füllt uns aus, und sie verlässt uns wieder. Ebenso ist es mit Trauer. Sie kommt auf, füllt uns aus und verlässt uns wieder. Es ist ein Kommen und Gehen. Die meisten Probleme entstehen in uns, weil wir die Bilder kommen lassen, aber nicht gehen lassen wollen. Wir wollen sie festhalten – diese Gedanken, Gefühle und Geräusche, die Freude, die Liebe und sogar den Schmerz. So ist alles in uns überlagert, und kein Raum ist mehr da für neues Leben. Üben wir Augenblick für Augenblick einen Neubeginn. Zengeist ist Anfängergeist, wie Shunryu Suzuki immer wieder betonte.

Punkt für Punkt – Bild für Bild – Schritt für Schritt – Atemzug für Atemzug. Deshalb ist nur dieser Augenblick, dieser Atemzug, dieser eine Schritt, dieses eine Bild, dieses augenblickliche Tun wirklich lebendig in uns. Leben ist die Erfahrung des Augenblicks.
Deshalb besteht der erste Schritt auf dem Zenweg darin, dass wir keine Wunder erwarten, keine gedanklichen Luftschlösser durch Bücher und Diskussionen bauen. Nein, all das muss zur Seite gelegt werden. Wollen wir ernsthaft den Zenweg gehen, müssen wir die Sicherheit unseres Denkens loslassen und uns auf das Wagnis der einen Tat in diesem Augenblick einlassen.

Den Weg der Tat beschreiten, die Einfachheit der einen Tat erfahren, den reinen Klang eines Autos hören, die klare Farbe einer Ampel sehen, den einmaligen Duft unserer Partnerin riechen, den Geschmack dieser Tasse Kaffee prüfen und die Kraft des Windes in unseren Haaren spüren. Der Weg des Zen ist Eis essen, Kaffee trinken, Hemden bügeln, Ball spielen, den Hund ausführen, sich verlieben und Samba tanzen! Keine Interpretation, kein Warum, Weshalb, Wieso in unserem Kopf dulden. Die reine Freude des Augenblicks genießen.

Der Zenweg ist einfach und klar. In ihm ist *nichts Heiliges – nur offene Weite*, wie Bodhidharma (470 – 543), der Begründer des Zen, zum chinesischen Kaiser Wu sagte. Es sind die Ereignisse unseres ganz gewöhnlichen Alltags, wie Zähne putzen, Haare kämmen, duschen, Auto fahren, etwas in den Computer tippen, in der Straßenbahn sitzen, einkaufen, das Lachen eines Kindes hören oder den anmutigen Gang einer Frau genießen. Dies führt uns zum Ursprung unseres Seins und zur Fähigkeit, unsere Lebensenergie in Leichtigkeit und Heiterkeit auszudrücken. Packen wir es an, jetzt in diesem Augenblick! Die Großartigkeit des Zen ist seine Einfachheit.

Ein Kind weint – fragen wir nicht warum, trösten wir es.
Ein Mensch hat Hunger – fragen wir nicht warum, geben wir ihm zu essen.
Vor unseren Augen ereignet sich eine lustige Begebenheit – fragen wir nicht warum, lachen wir.
Wir sind glücklich – fragen wir nicht warum, tanzen wir im Großstadtgewühl.
Wir sind müde – fragen wir nicht warum, legen wir uns hin und ruhen wir uns aus.

ZWEITER TEIL

Der Duft des Zen – Zen mit allen Sinnen

Atem – Odem des Lebens

Die Luft ist kostbar für den roten Mann – denn alle Dingen teilen denselben Atem – das Tier, der Baum, der Mensch – sie alle teilen denselben Atem. Der weiße Mann scheint die Luft, die er atmet, nicht zu bemerken; wie ein Mann, der seit vielen Tagen stirbt, ist er abgestumpft gegen den Gestank. Aber wenn wir Euch unser Land verkaufen, dürft Ihr nicht vergessen, dass die Luft uns kostbar ist, dass die Luft ihren Geist teilt mit all dem Leben, das sie enthält. Der Wind gab unseren Vätern den ersten Atem und empfängt ihren letzten. Und der Wind muss auch unseren Kindern den Lebensgeist geben. Und wenn wir Euch unser Land verkaufen, so müsst Ihr es als ein besonderes und geweihtes schätzen, als einen Ort, wo auch der weiße Mann spürt, dass der Wind süß duftet von den Wiesenblumen.

Aus der Rede des Häuptling Seattle an den 14. Präsidenten der USA im Jahre 1855.

In den meisten Religionen wird der Atem als besondere göttliche Existenz, Kraft, Energie und als Lebenselixier angesehen. So heißt es beispielsweise im jüdischen Schöpfungsbericht: »Da formte Gott, der Herr, den Menschen aus Erde vom Ackerboden und blies in seine Nase den Lebensatem. So wurde der Mensch zu einem lebendigen Wesen.«

Atem bedeutet Leben. Hört es auf, in uns zu atmen, sind wir tot. Der Atem ist aber auch die Pendeltür zwischen Körper und Geist. Er ist das wichtigste Bindeglied. Und so ist es wenig verwunderlich, dass die bewusste Wahrnehmung des Atems vor allem in jenen spirituellen Traditionen betont wird, in denen Körper und Geist nicht als getrennt voneinander gesehen werden, in denen es um deren Einheit geht.

An Zen hat uns von Beginn an fasziniert, dass es den Weg des »Geistes« als so »körperlich« zeigt. Zen folgt der Überzeugung, dass das Spirituelle, der Geist, sich in unserem Körper vollkommen ausdrückt und dass wir deshalb in unserem Körper die Antworten auf all unsere spirituellen Fragen suchen und finden können. Es gibt keine Faser im Körper, in der sich der Geist nicht voll und ganz befindet. Wir hier im »Westen« lokalisieren unseren Geist im Kopf oder bestenfalls im Herzen, aber andere Kulturen haben erkannt, dass der Geist sich überall im Körper ausdrückt. Im Taoismus und im Ch'an hat man schon vor vielen Hunderten von Jahren verstanden, dass Körper und Geist zwei Seiten einer Münze sind, ja dass der Körper Geist *ist* und dass der Geist Körper *ist*.

Wenn wir unseren Geist beruhigen wollen, müssen wir unseren Körper, unseren Atem beruhigen. Wenn wir unseren Geist bewegen wollen, müssen wir zum Beispiel unsere Finger bewegen. Je gelenkiger unsere Finger sind, desto »gelenkiger«, flexibler ist unser Geist. Die Gehirnforscher haben eine wichtige Verbindung zwischen Daumen und Gedächtnis festgestellt, deshalb raten sie uns, mit der Hand aufzuschreiben, was wir behalten möchten.

Die moderne Psychologie hat herausgefunden, dass 90% der zwischenmenschlichen Kommunikation nonverbal durch Körperhaltung, Körperbewegungen und über die Sinne stattfindet. Menschen, die noch in einer natürlichen Umgebung mit Pflanzen und Tieren leben, wissen, dass es auch einen Austausch, wechselseitige Kommunikation mit Pflanzen und Tieren gibt. Sie ahnen noch am ehesten – und nutzen dieses Wissen intuitiv –, dass alles auf alles wirkt, sich alles wechselseitig beeinflusst und eine Verbindung zwischen allen Dingen des Universums existiert. Auch unser Körper und damit unser Geist stehen in ständiger Verbindung mit allen Erscheinungen dieser Welt. Wasseradern, Erdstrahlen, Vollmond, Regen, Wind, Sturm, Sonnenschein, Ozonloch, Luftdruck und Luftfeuchtigkeit beeinflussen ständig unser körperliches und damit unser geistiges Wohlbefinden.

Und wie bewusst erleben wir modernen Menschen dies alles? Zumeist ist uns das Wissen um diese Zusammenhänge verloren gegangen; wir leben als »Kopfmenschen«, die einen Körper haben, in einem Universum, das wir als vollkommen getrennt von uns empfinden. Wollen wir diese Sichtweise verändern, ist es notwendig, dass wir uns unseres Körpers und unserer Körpersprache wieder bewusst werden, und grundlegend dafür ist, dass wir uns unseres Atems bewusst werden. Denn unseres Atems bewusst werden heißt uns unseres Körpers *und* unseres Geistes bewusst werden, da der Atem Körper und Geist verbindet.

Im Buddhismus gibt es einen Text (*Das Sutra des bewussten Atmens*), der dem Buddha selbst zugeschrieben wird, in dem es ausschließlich um dieses Zusammenspiel von Körper, Geist und Atem geht. Dort heißt es:

Da begibt sich der Übende in den Wald oder zum Fuße eines Baumes oder an einen anderen verlassenen Ort, setzt sich im Lotossitz nieder, hält den Körper gerade aufgerichtet und errichtet die Achtsamkeit in sich. Einatmend weiß er, dass er einatmet; und ausatmend weiß er, dass er ausatmet.

1. *Bei einer langen Einatmung weiß er: »Ich atme lang ein.« Bei einer langen Ausatmung weiß er: »Ich atme lang aus.«*
2. *Bei einer kurzen Einatmung weiß er: »Ich atme kurz ein.« Bei einer kurzen Ausatmung weiß er: »Ich atme kurz aus.«*
3. *»Ich atme ein, meinen ganzen Körper bewusst wahrnehmend. Ich atme aus, meinen ganzen Körper bewusst wahrnehmend.« So übt er sich.*
4. *»Ich atme ein, meinen Körper ruhig und friedvoll werden lassend. Ich atme aus, meinen Körper ruhig und friedvoll werden lassend.« So übt er sich.*
5. *»Ich atme ein, ein Gefühl der Freude empfindend. Ich atme aus, ein Gefühl der Freude empfindend.« So übt er sich.*
6. *»Ich atme ein, ein Gefühl des Glücks empfindend. Ich atme aus, ein Gefühl des Glücks empfindend.« So übt er sich.*
7. *»Ich atme ein, die Aktivitäten des Geistes in mir bewusst wahrnehmend. Ich atme aus, die Aktivitäten des Geistes in mir bewusst wahrnehmend.« So übt er sich.*
8. *»Ich atme ein, die Aktivitäten meines Geistes ruhig und friedvoll werden lassend. Ich atme aus, die Aktivitäten meines Geistes ruhig und friedvoll werden lassend.« So übt er sich.*
9. *»Ich atme ein, meinen Geist bewusst wahrnehmend. Ich atme aus, meinen Geist bewusst wahrnehmend.« So übt er sich.*
10. *»Ich atme ein, meinen Geist glücklich und friedvoll werden lassend. Ich*

atme aus, meinen Geist glücklich und friedvoll werden lassend.« So übt er sich.

11. *»Ich atme ein, meinen Geist konzentrierend. Ich atme aus, meinen Geist konzentrierend.« So übt er sich.*
12. *»Ich atme ein, meinen Geist befreiend. Ich atme aus, meinen Geist befreiend.« So übt er sich.*
13. *»Ich atme ein, die unbeständige Natur aller Erscheinungen beobachtend. Ich atme aus, die unbeständige Natur aller Erscheinungen beobachtend.« So übt er sich.*
14. *»Ich atme ein, das Erlöschen aller Erscheinungen beobachtend. Ich atme aus, das Erlöschen aller Erscheinungen beobachtend.« So übt er sich.*
15. *»Ich atme ein, die vollkommene Befreiung betrachtend. Ich atme aus, die vollkommene Befreiung betrachtend.« So übt er sich.*
16. *»Ich atme ein, das Loslassen betrachtend. Ich atme aus, das Loslassen betrachtend.« So übt er sich.*

Wird die Achtsamkeit auf die Atmung in Übereinstimmung mit diesen Anweisungen fortwährend entfaltet und geübt, so wird sie reiche Früchte tragen und von großem Gewinn sein.

Interessant ist, wie die Beobachtung des Atmens hier mit den unterschiedlichsten körperlichen und geistigen Zuständen verbunden wird, wie bewusstes Atmen zu Ruhe, Frieden, Freude, Glück und sogar zu Freiheit führen soll. Und es ist mehr als lohnenswert, sich mit diesen einfachen Übungen intensiv zu beschäftigen. Heute wissen wir, dass das stille Sitzen und das Beobachten des Atems den Bereich der Betawellen in unserem Gehirn aktiviert. In diesem Zustand ist unser Geist ruhig, froh, friedvoll, glücklich und frei und am ehesten imstande, Grenzen zu überschreiten. Dies ist der Zustand, in dem wir am kreativsten sind und somit am wachsten leben.

In diesem Buch werden wir das achtsam-bewusste Atmen von vielen Seiten beleuchten, denn es ist das Herzstück der Zenübung.

Wir können das achtsame Beobachten unseres Atems verbinden mit der Konzentration auf das Liegen, Sitzen, Stehen, Gehen und Verbeugen unseres Körpers. Wir können bei jeder körperlichen Bewegung und Tätigkeit, beim Arbeiten, bei der Gymnastik oder beim Sport unseren Atem beobachten.

Ebenso wichtig ist die Atembeobachtung beim Sehen, Hören, Riechen, Schmecken, Berühren und Denken und bei allen emotionalen Äußerungen wie Lachen oder Weinen. Bedenken wir, dass die Atembeobachtung keine Zeitverschwendung ist! Wenn es nämlich nicht mehr in uns atmet, tritt die Seele aus unserem Körper; das Gehirn, der Sitz des Verstandes, hört auf zu arbeiten; und das Herz, das Symbol der Emotionen, hört auf zu schlagen. Beobachten wir: Wo kommt der Atem her, wo geht er hin, wo ruht er aus? Der Atem dehnt sich aus, zieht sich zusammen, dehnt sich aus, zieht sich zusammen. Unser Atem lässt uns nicht im Stich, solange wir leben; wir können nicht aus ihm herausfallen. Er kommt, füllt uns aus, geht und ruht. Es atmet ein, es atmet aus, immer wieder und wieder. Die Fülle des Seins drückt sich Atemzug für Atemzug in uns aus. Dies zu beobachten ist die zentrale Übung im Zen. Aufrecht und in Ruhe sitzen wir, ob auf einem Kissen, einem Bänkchen, auf einem Stuhl im Büro, unter einem Baum im Wald, im Wohnzimmer, im Auto, auf der Kirchenbank oder wo auch immer. Unsere Achtsamkeit hilft dem Atem, ungehindert durch uns hindurchzufließen und damit alle Fasern unseres Körpers gut zu versorgen.

Das bedeutet, dass wir uns immer wieder Schritt für Schritt unserem Körper stellen, in uns gehen, beobachten, was gerade mit unserem Körper geschieht, wie es in ihm atmet, wie der Körper mit Sauerstoff versorgt wird durch die Einatmung, wie es ausatmet und unser Körper alle ungebrauchten »Stoffe« abgibt. Wir können beobachten, wie Ruhe und Aktivität in unserem Körper entstehen und vergehen. Das Ein- und Ausatmen beginnt jedes Mal wieder, ganz ohne unser Zutun.

Wir werden feststellen, dass uns die Konzentration auf den Atem immer wieder verlässt. Die Übung ist nicht an einem Tag vollbracht, immer wieder, Tag für Tag, Augenblick für Augenblick müssen wir uns bemühen. Aber es lohnt sich wirklich! So viele Menschen haben nun schon seit mehr als zweitausend Jahren diesen Weg gewählt und ein bewusstes, glückliches Leben führen können.

Die Übung der Atembeobachtung besteht nicht darin, den Atem zu forcieren. Ob wir schnell oder langsam, kurz oder lang anhaltend atmen, richtet sich nach unserer augenblicklichen Lebenssituation, unserer jeweiligen Handlung, unseren Gedanken und unseren Emotionen. Körper, Psyche und Seele bilden, wie bereits erwähnt, eine Einheit. Der Atem passt sich ganz individuell dem Rhythmus jeder Situation an. Verändern wir den Atem nicht bewusst oder gewollt. Es geht um unseren natürlichen Atem. *Es* atmet ein, *es* füllt uns aus, *es* atmet aus. Dann ruht der Atem, um sich alsbald wieder in uns zu entfalten. Beobachten wir auf diese Weise unseren Atem, der uns zu einem lebendigen Wesen macht.

Der Atem ist unser Lebenselixier und verdient unsere ganz besondere Aufmerksamkeit, Augenblick für Augenblick. Atem heißt Leben.

Die Leichtigkeit unseres Lebens hängt ganz entscheidend von der Freiheit und Leichtigkeit unseres Atems ab. Menschliche Freiheit ist an die Freiheit des Atems gebunden.

Unser Atem ist das größte und wunderbarste Tor des Zen. Je mehr wir uns unseres Atems bewusst werden, desto mehr löst er sich von den Fesseln, die ihn einschnüren. So lernen wir nach und nach freier zu atmen. Je freier wir atmen, desto freier leben wir.

Bewusstes Atmen im Liegen, Sitzen, Stehen, Gehen, Verbeugen

Wie wir gesehen haben, können wir durch Achtsamkeit die verlorene Einheit von Körper und Geist wieder herstellen und uns unserer Körperhaltungen und Bewegungen bewusst werden. Dann strahlen wir Würde in unserem Körper aus, ganz gleich wie jung, wie alt, wie fit, wie gebrechlich unser Körper ist. Ein entspanntes, friedvolles Liegen, Sitzen, Gehen und Stehen, bei dem wir mit Achtsamkeit auch unseren Atem wahrnehmen, bringt uns in Harmonie mit allen Lebewesen und öffnet uns die Augen für die alltäglichen Wunder dieser Welt.

Liegen

Im Zen üben wir die Beobachtung des Atems in allen Körperhaltungen. So können wir das Wahrnehmen unseres Atems sehr einfach beim Liegen üben. Dabei beobachten wir im Grunde genommen die Atem*bewegung* im Körper.

Legen wir uns zunächst bequem mit dem Rücken auf einen nicht allzu weichen und nicht allzu harten Untergrund, zum Beispiel auf eine Decke. Wenn möglich, benutzen wir kein Kopfkissen. Strecken wir unsere Beine, so dass Füße und Hüfte in etwa eine gerade Linie bilden und die Zehen nach außen weisen. Wenn uns dies zu unbequem oder sogar schmerzhaft ist, können wir unsere Knie durch ein Kissen unterstützen, denn es ist wichtig, dass wir uns wohl fühlen, ohne einzuschlafen. Legen wir nun die Hände auf unseren Bauch. Nach kurzer Zeit hat sich unser Atem dieser neuen Haltung angepasst, und wir können anfangen, unsere Aufmerksamkeit auf unseren Atem zu richten. Fragen wir uns, wo wir in unserem Körper den Ansatz einer Einatmungsbewegung empfinden. Beginnt sie in der Nase oder in der Brust oder im Bauch? Nach einiger Zeit können wir sie wirklich spüren und auch, wie die Muskeln unseres Zwerchfells (der Motor unseres Atems) sich dabei bewegen. Haben wir eine Zeitlang konzentriert geübt, können wir die Fortsetzung dieser Bewegung durch den ganzen Körper erspüren. Die Bewegung schwillt während der Einatmung an und löst sich allmählich während der Ausatmung auf. Zwischen Einatmung und Ausatmung und wieder Einatmung können so genannte Pausen auftreten. Versuchen wir, nichts an dem zu ändern, was wir beobachten, nichts an der Länge des Einatmens, des Ausatmens oder der eventuellen Pausen. Wenn wir achtsam sind, wissen wir, wir atmen kurz ein oder wir atmen lang ein, wir atmen kurz aus oder wir atmen lang aus. Es ist gut, so wie es ist! Falls dieser Rhythmus sich ändert, ist es wieder gut, so wie es ist!

Es ist ratsam, sich vor allem auf die Bewegung im Bauch zu konzentrieren. Erstens wird dadurch der Schwerpunkt in den Bauch verlagert. Zweitens ist die Bewegung im Bauch am besten spürbar, auch wenn der Atem ganz flüchtig geworden ist. Drittens ist dort auch der Sammelpunkt unserer Lebensenergie.

Für viele Menschen ist es schwer, in dieser Haltung nicht einzuschlafen. Die Liegehaltung ist für unser Gehirn oft noch das einzige Signal, dass wir schlafen sollten, weil wir nicht mehr auf das wichtigere Signal – Müdigkeit – horchen (möchten oder können). Außerdem sind wir oft sehr gestresst, und unser Körper nimmt sofort die Gelegenheit wahr, auszuruhen und einzuschlafen, sobald wir uns einen Augenblick der Entspannung gönnen. Dann haben wir die Wahl: Wir geben unserer Müdigkeit nach und schlafen einfach ein, oder wir üben weiter. Machen wir keinen Kampf daraus. Setzen wir uns unter Druck, haben wir keinen Spaß an der Übung.

Oft ist uns das Beobachten des Atems nur möglich, wenn wir den Atem zählen, da wir uns ansonsten ganz schnell in unseren Gedanken und Phantasien verlieren. Für uns aus dem »Westen«, die wir im Allgemeinen eine starke Einatmung gegenüber einer schwachen Ausatmung haben, ist es ratsam, nur die Ausatmungen zu zählen, von eins bis zehn und wieder von eins bis zehn und so weiter. Während dieser Übung merken wir dann vielleicht plötzlich, dass wir nicht weiter als bis drei gekommen sind und dann in unseren Gedanken mit unserer Geliebten in die Ferien gefahren sind. Sobald wir uns dieses »Seitensprungs« bewusst sind, fangen wir einfach wieder bei eins an zu zählen. Es geht überhaupt nicht um Leistung. Es wäre auch völlig nutzlos: Jeder kann von eins bis zehn zählen! Und dennoch ist dies eine Übung, mit der wir den Weg zur gelassenen Heiterkeit gehen können!

Das Zählen des Atems ist eine Übung, die wir in allen Körperhaltungen anwenden können und die sehr hilfreich ist, um mit der Aufmerksamkeit wirklich beim Atem zu bleiben.

Mit der Zeit können wir in diesem ständigen Kreislauf der Atembewegung die Stille und Ruhe bemerken und genießen.

Schenken wir auch dem Liegen selbst unsere Aufmerksamkeit. Jetzt wissen wir schon, worauf es ankommt. Der Atemrhythmus ist das Erste, das wir bemerken. Dann spüren wir die Berührungspunkte unseres Körpers mit der Liegefläche. Welche Teile des Körpers sind es, wenn wir uns auf dem Rücken, dem Bauch oder auf der Seite befinden. Wie liegen sie auf? Was verbindet uns mit der Erde – was mit der Luft – dem Himmel?

Wenn wir in dieser Weise abends bewusst im Bett liegen, wissen wir, dass es die ganze Nacht hindurch in uns atmen wird. Wir können voller Vertrauen einschlafen. Der Odem des Lebens wird nicht aufhören und immer weiter aus- und einatmen. Unser Körper atmet in die Erde aus, und die Einatmung verbindet uns mit dem Himmel.

Sitzen

In der Stille am offenen Fenster
sitze ich in formeller Meditation,
trage mein Mönchsobergewand.
Nabel und Nase in einer Linie,
Ohren parallel zu den Schultern.
Mondlicht durchflutet den Raum;
der Regen hat aufgehört,
aber vom Dachvorsprung tropft es und tropft.
Vollkommen dieser Augenblick –
in der unermesslichen Leere
vertieft sich mein Verstehen.
RYOKAN

Die zweite wichtige Übungsform im Zen besteht darin, dass wir »in unserem Atem sitzen«. Wie beim Liegen beobachten wir auch hier die Atem*bewegungen* im Körper. Legen wir das Buch für einen Moment beiseite, und werden wir uns bewusst, wie wir gegenwärtig sitzen, auf einem Stuhl oder einem Sessel, einer Couch oder einem Kissen. Spüren wir, wie unsere Haltung ist, und richten wir uns gegebenenfalls etwas auf, damit wir bequem, aber gerade sitzen. Suchen wir unsere Mitte, und richten wir unsere Aufmerksamkeit auf den Atem. Wir sitzen jetzt ganz entspannt. Nichts ist zu tun. Es atmet in uns. Wir folgen nur unserem Atem und beobachten jetzt für einige Zeit diese lebenswichtige Bewegung des Atems in uns.

Schweifen wir mit unserer Aufmerksamkeit ab, so kehren wir, wenn wir es merken, behutsam wieder zum Atem zurück. Auch hier geht es, wie bei der Achtsamkeit im Liegen, nicht um einen Kampf, sondern um Zugewandtheit, denn auch unser Atem, unsere Gedanken und unsere Haltung bedürfen unserer Zuneigung.

Es ist ganz wichtig, dass wir wieder lernen, aufrecht und gerade zu sitzen. Das konnten wir als kleine Kinder, aber wir haben es meistens schon beim Erwachsenwerden verlernt. Selbst wenn wir keine Lust verspüren, Zen zu üben: Das gerade Sitzen würde unserer Gesundheit gut tun; unsere Wirbelsäule würde sich langsam erholen, und unser Atem könnte wieder frei durch uns hindurchfließen.

Stilles, aufrechtes Sitzen ist die einfachste Form, um das »Wach-im-Leben-Sein« zu üben, um so bewusst wie möglich *diesen* Augenblick zu erleben. Von daher verwundert es nicht, dass dem Sitzen im Zen eine sehr, sehr große Bedeutung zukommt – von manchen Menschen wird es nahezu als Synonym für Zen verstanden. Und so möchten wir Ihnen im Verlauf dieses Kapitels auch die verschiedenen Sitzhaltungen im Zen näher vorstellen, damit Sie die für sich bequemste Position herausfinden und das Sitzen genießen lernen können.

Das stille Sitzen hilft uns dabei, uns selbst in unserer Umwelt zu beobachten. Langsam aber sicher lernen wir zu erkennen, wie wir uns im Laufe unseres Lebens geformt und verformt haben. Wir sind schief oder krumm geworden oder wir strecken übertrieben unser Kinn und die Brust nach vorn. Mögliche Ursachen hierfür sind unsere Ideen und Wünsche, unsere körperliche und geistige Verfassung, unsere Enttäuschungen und Erlebnisse, unsere Glücksvorstellungen und Phantasien oder die zufällige Situation, in der wir uns befinden. All dies hat sich irgendwie in unserem Körper festgesetzt. Meistens merken wir es erst, wenn wir krank werden. So weit brauchen wir es nicht kommen zu lassen. Wir können durch das stille Sitzen ein feines Empfinden für unseren Körper entwickeln, so dass wir eine Krankheit möglicherweise frühzeitig erkennen oder ihr sogar vorbeugen können. Das ist sehr wichtig, aber noch wichtiger ist es, dass alte Erfahrungen, die noch nicht verarbeitet sind und sich irgendwo im Körper festgesetzt haben, langsam aufgeweicht werden, hochkommen und sich auflösen können.

Im Laufe der Zeit sind wir so vertraut geworden mit all dem Ballast, den wir mit uns schleppen. Und so protestiert gewöhnlich unser Ich heftig, wenn die Zeit des stillen Sitzens versucht, unsere Narben zu sehen, unsere Wunden zu heilen. Mag sein, dass die Beobachtung des Prozesses uns am Anfang fasziniert, aber wir müssen damit rechnen, dass wirkliche körperliche und seelische Schmerzen auftauchen. Dann haben wir natürlich die Neigung alle »Schuld« nach außen, von uns weg zu legen und uns nie mehr mit so etwas wie Zen beschäftigen zu wollen.

Das ist eine Möglichkeit, aber es wäre schade, denn wir befinden uns schon auf dem Weg. Wenn wir jetzt aufgeben, müssen wir irgendwann aufs Neue versuchen, eine andere Öffnung im Dickicht unseres Lebens zu finden.

Auch wenn Sie sich bislang noch nicht sonderlich für Zen interessierten, haben Sie vielleicht Bilder von Zen im Kopf. Vielleicht das eines kahlköpfigen, in schwarze Roben gekleideten Mönchs, der vor einer japanischen Papierwand in einem Raum sitzt und Ruhe, Stille, Strenge, aber auch eine gewisse Exotik ausstrahlt. Möglicherweise ist dieses Bild für Sie gleichzeitig anziehend und abstoßend. Mittlerweile gibt es eine Vielzahl von Büchern über Zenklöster in Japan oder den USA, in denen oft und gern von Härte, Strenge und Disziplin einerseits und Belohnung, Erleuchtung und innerer Ruhe andererseits berichtet wird. Doch die Zenübung betrifft unser eigenes Leben in unserer persönlichen Situation, in unserem Land, in unserer Kultur, in unserer Entwicklung, in unserer Religion oder Lebenseinstellung, sie betrifft aber auch das Leben unserer Umwelt, die immer mit uns übt. Es geht nicht darum, eine Form aus einer fremden, exotischen Kultur einfach nachzuahmen und uns in ungewohnter Sitzhaltung in einem fremden Kittel mit einem fremden Namen oder Titel interessant zu machen.

Die Mehrzahl der Zenmeister berichtet, dass sie allein sitzen. Für ihre Übung, *»ihr Verstehen zu vertiefen«* (Ryokan), ziehen sie sich in die Stille zurück, weil sie so am besten in sich hineinhorchen können. Falls wir es ihnen gleich tun wollen, brauchen wir nicht aus unserem Familienleben auszuziehen und unseren Beruf aufzugeben. Wir können versuchen, uns eine Insel der Ruhe in unserer Wohnung, im Garten oder auf dem Balkon zu schaffen.

Dazu brauchen wir eine Ecke allein für uns, in der wir von anderen Mitbewohnern ungestört sind. (Wie wir einen solchen Platz für uns am besten gestalten können, wird auf Seite 97 näher beschrieben.) Wir legen eine Sitzmatte auf den Boden. Darauf kommt ein Kissen oder ein spezielles Meditationsbänkchen. Es ist natürlich auch möglich, auf einem Stuhl zu sitzen. Welche Position wir wählen, hängt sicher vor allem von unseren köperlichen Möglichkeiten ab.

Der volle Lotossitz: Für die meisten Menschen aus dem Westen ist der volle Lotossitz sehr schwierig und erst nach längerer Übung möglich. Aber es ist bei weitem der stabilste Sitz. Im vollen Lotossitz sind wir fest im Boden verankert. Nur unser Atem und unsere Blutzirkulation sorgen für ein wenig subtile Beweglichkeit.

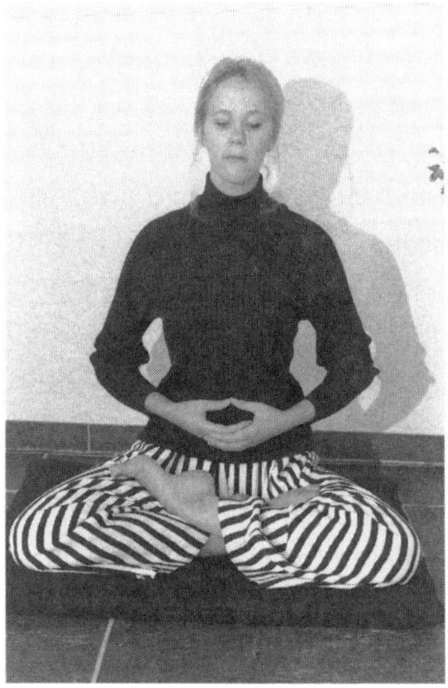

Wir legen zuerst den rechten Fuß auf den linken Oberschenkel und dann den linken Fuß auf den rechten Oberschenkel, so dass unsere Fersen nahezu unsere Leisten berühren. Dadurch zeigen unsere Fußsohlen in Richtung Himmel. Am besten gewöhnen wir uns daran, mit nackten Füßen zu meditieren, dann werden unsere Fußsohlen offen für den Energiestrom.

Der halbe Lotossitz: Wir legen den linken Fuß auf den rechten Oberschenkel und den rechten Fuß unter den linken Oberschenkel oder andersherum. Vermutlich bevorzugen Sie eine von beiden Möglichkeiten und haben das Gefühl, die umgekehrte Position überhaupt nicht einnehmen zu können. Doch es ist besser, nach einiger Zeit abzuwechseln, denn sonst verzieht sich unser Becken und dadurch unser Rücken langsam in eine Richtung und wir sitzen schief. Üben wir jede dieser Positionen, können wir nach einiger Zeit in beiden Haltungen sitzen. Dann sollten wir einfach in jeder Sitzperiode wechseln. Ein solcher Wechsel empfiehlt sich auch beim vollen Lotossitz und dem Schneidersitz.

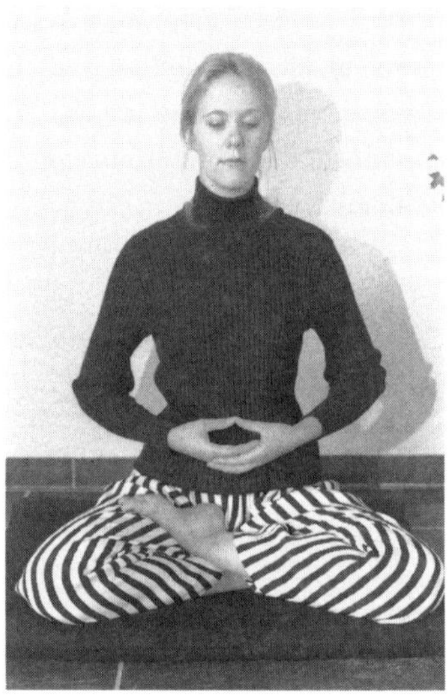

Der Schneidersitz: Der linke Unterschenkel liegt vor dem rechten (oder umgekehrt). Ganz wichtig für einen stabilen Sitz ist, dass beide Knie den Boden berühren. Falls wir das nicht schaffen, sollten wir erhöht sitzen und dazu ein zweites Kissen benutzen, oder wir legen etwas unter das Knie, mit dem wir den Boden sonst nicht berühren.

Der Diamantsitz: Meistens legt man hierzu zwei Kissen aufeinander oder benutzt ein besonders hohes Kissen. Wir setzen uns mit angewinkelten Beinen rittlings darauf. Die Füße zeigen nach hinten. Der Untergrund sollte weich genug sein, damit wir zu große Schmerzen in den Spannen und Knien vermeiden und trotzdem stabil sitzen.

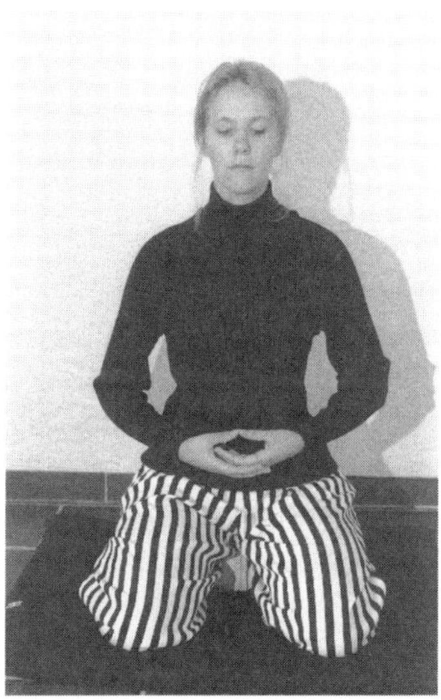

Der Fersensitz: Dieser Sitz ist dem Diamantsitz ähnlich, nur benutzt man dabei gar kein Kissen. Meist sind aber nur Kinder gelenkig genug, dass sie ohne Beschwerden und ganz natürlich so sitzen können. In asiatischen Ländern können auch die meisten Erwachsene noch auf diese Weise sitzen.

Der Sitz auf dem Bänkchen: Ebenfalls mit dem Diamantsitz vergleichbar ist das Sitzen auf einem Bänkchen, bei dem die Beine unter den Sitz geschoben werden. Wir sollten darauf achten, die Knie nicht gegeneinander zu drücken, sondern sie so weit auseinander zu lassen, dass die Knie mit den Sitzknochen eine Art Trapez bilden. Dadurch wird die Stabilität des Sitzens vergrößert.

Der Sitz auf dem Stuhl: Wir können auch auf einem Stuhl sitzend meditieren. Es fällt vielen Menschen schwer, auf einem Stuhl gerade zu sitzen, weil wir uns im Laufe der Zeit daran gewöhnt haben, uns eine Stütze zu suchen oder eher nachlässig da zu hocken als zu sitzen. Aber auch auf einem Stuhl können wir eine stabile Haltung finden, indem wir die Füße in Hüftbreite flach auf den Boden stellen, also auch hier die Knie nicht gegeneinander drücken. Rücken Sie etwas nach vorn auf der Sitzfläche des Stuhles, und lehnen Sie sich nach Möglichkeit nicht an.

Dieser Sitz kann gewöhnlich auch, wenn die Umstände es erfordern mit leichten Variationen, von Menschen eingenommen werden, die im Rollstuhl sitzen.

Sobald wir einen Sitz gewählt haben – den bequemsten nach körperlichem Vermögen –, spüren wir, wie wir auf unseren Sitzknochen sitzen. Wir machen mit dem Oberkörper einige Schaukelbewegungen nach links und nach rechts, bis wir unsere Mitte gefunden haben. Dann bewegen wir unser Becken etwas nach vorn und nach hinten (spüren unsere Sitzknochen) und finden auch hier die Mitte. Seien wir uns bewusst, dass es genau so schlecht für unsere Gesundheit ist mit einem Hohlkreuz zu sitzen wie mit einem krummen Rücken. Dann richten wir unseren Rücken, Nacken und Kopf so gerade wie möglich auf. Heben wir unser Brustbein ein ganz klein wenig, ohne dabei ein Hohlkreuz zu machen oder die Brust übertrieben herauszustrecken. Wir spüren sofort, wie viel Raum zum Atmen dadurch entsteht. Vor allem Frauen haben in unserer Kultur die Neigung, mit einer eingedrückten Brust durchs Leben zu gehen. Spüren wir, ob sich unsere Ohren senkrecht über unseren Schultern und unsere Schultern senkrecht über unseren Hüften befinden. Wir können unseren Kopf ein wenig hin und her wiegen, um unsere Mitte zu finden. Wie Ryokan sagt: Nase und Nabel in einer Linie.

Unsere Hände halten wir mit den kleinen Fingern gegen den Bauch, die Handflächen zeigen nach oben. Die linke Hand ruht auf der rechten, während die Daumenspitzen sich ganz leicht berühren. Die Daumen werden waagerecht in kleinem Abstand vor dem Bauch gehalten, genau auf Höhe des Nabels. Sie formen mit den Zeigefingern ein wunderschönes Oval: das universelle *Mudra.* Wir drücken in diesem äußerst subtilen und empfindlichen Mudra alles aus. Alles kann man darin lesen. Diese Handhaltung betont und umfasst auch unseren körperlichen Schwerpunkt und unsere Lebensenergie.

Falls wir bemerken, dass jetzt die Schultern hochgezogen sind, versuchen wir dies in unseren Ellbogen zu korrigieren und nicht durch Verschiebung unserer Hände nach unten. Die Ellbogen können wir als Scharniere betrachten und sie bewegen, um unsere Schultern zu entlasten. Unsere Hände sollten möglichst in Höhe des Nabels bleiben, obwohl die Verführung oft groß ist, sie auf die Oberschenkel zu legen. Dies aber ergäbe eine neue Spannung in Armen und Schultern, und außerdem würden wir die wunderbare Chance verpassen, unsere Energie in unserer Mitte zu spüren und zu unterstützen.

Unsere Augen sind halb geschlossen, genau zwischen weit geöffnet und geschlossen. Dies symbolisiert unsere Einstellung: Nicht die Außenwelt ist das einzig Wichtige (Augen weit geöffnet), und nicht wir selbst sind das einzig Wichtige (Augen geschlossen). Unser Blick richtet sich auf den Boden, etwa einen Meter vor uns. Auf dieselbe Weise halten wir auch unsere anderen Sinne »halb offen«. Wir lassen alles zu, ohne zum Beispiel unsere Ohren auf die Geräusche und ohne unsere Nase auf die Düfte unserer Umgebung zu richten.

So sitzen wir eine Weile so still wie möglich. Es ist ratsam, dass wir vorher festlegen, wie lange wir sitzen wollen, zum Beispiel fünfzehn Minuten, und uns daran auch halten. Das heißt, wir hören nicht vorher auf, weil wir uns langweilen, Schmerzen haben, oder uns etwas einfällt, was jetzt viel dringlicher wäre. Aber wir überziehen auch nicht, weil es uns gerade angenehm ist, zu sitzen. Dies hilft uns, das Sitzen nicht unserer Lust und Laune zu überlassen, sondern zu einer Gewohnheit zu machen, so wie das Zähneputzen. Ist die Zeit vorbei, verbeugen wir uns und bewegen vorsichtig unseren Körper: Wir reiben die Hände leise, bewegen die Schultern, den Kopf, das Becken, lösen Spannungen in den Beinen, massieren die Füße ein wenig und stehen danach vorsichtig auf. Falls ein Fuß eingeschlafen ist oder sogar ein ganzes Bein, nehmen wir uns mehr Zeit, um den Kreislauf wieder in Gang zu bringen. Es kann hilfreich sein, die Zehen des eingeschlafenen Fußes fest auf den Boden zu drücken oder sich in den Fersensitz zu begeben und den Oberkörper ganz nach vorn zum Boden hin zu strecken.

Was aber tun wir während des Sitzens? Wir versuchen, so still und aufrecht wie möglich zu sitzen, und wir beobachten auf die bereits beschriebene Weise unseren Atem. Das heißt, wie im Liegen beobachten wir, wo wir in unserem Körper die Bewegung der Ein- und der Ausatmung empfinden. Wie bewegt sich der Atem in unserem Körper, oder wie bewegt der Atem unseren Körper? Die Atembeobachtung ist ein wunderbares, sehr effektives Mittel, um sofort, in diesem Augenblick, wach zu sein und alles, was da ist, wahrzunehmen. Den Atem haben wir, so lange wir leben, immer »bei der Hand«. Sobald wir merken, dass wir uns in Gedanken verloren und den Atem vergessen haben, können wir wieder von neuem beginnen: es atmet ein, es atmet aus. Die Atembewegung ist eine faszinierende Wellenbewegung, die unseren ganzen Körper durchdringt.

Wir beobachten beim Sitzen, *wie* wir sind, *wenn* wir still sitzen und nicht von den tausend anderen Sachen in der Welt abgelenkt werden. Wie ist unsere Haltung, wie fliegen unsere Gedanken hin und her? Was spielt sich in unserem Kopfkino ab, wie verlaufen die imaginären Zwiegespräche, die wir zum x-ten Mal wiederholen? Mit der Zeit können wir beobachten, wie es ein wenig ruhiger in uns wird, wie Gedanken und Gefühle hochkommen und wieder verschwinden, wie Schmerzen (altbekannte oder neue) aufkommen und wieder verschwinden oder immer schlimmer werden, wie Geräusche (von Vögeln oder Flugzeugen) oder Gerüche (von Weihrauch oder Blumen) in uns eindringen und wieder gehen, wie Bilder in uns aufsteigen und uns wieder verlassen – und wie wir auf all dies reagieren.

Stehen

Es gibt in unserem Alltag viele Augenblicke, in denen wir stehen. Aber wir registrieren es selten und können es kaum lange aushalten. Schon gar nicht gerade, locker, ruhig und fest verwurzelt zu stehen.

Beobachten wir uns und unsere Mitmenschen einmal, wenn wir stehen – beim Gespräch, in der Gruppe oder beim Warten an der Supermarktkasse. Wie stehen wir? Ist es nicht oft so, dass wir wie ein Fragezeichen stehen, Schulterblätter zum Buckel geformt, die Arme in Affenhaltung nach vorn, den Kopf zum Boden geneigt oder in die Luft gestreckt, mit einem Fuß auf der Erde, der andere berührt nur mit der Spitze des großen Zehs den Boden. So, wie ein Fähnchen im Wind, müssen wir uns natürlich festhalten, aufstützen oder anlehnen, an den Tisch, die Wand, den Stuhl, den Einkaufskorb oder das Auto, sonst kippen wir um. Unsere Haltung, Ausdruck unseres Geistes, flattert im Wind. Keine ruhige, gelassene Heiterkeit, keine festverankerte Leichtigkeit ist dann in unserem Körper vorhanden.

Wir können aber ruhige Gelassenheit und Freiheit, von der in diesem Buch schon so oft die Rede war, auch im Stehen erleben, wiederum in voller Konzentration auf die Atmung, den Körper und die Umwelt, auf all das, was gerade geschieht. Stellen wir uns bewusst hin, die Fußsohlen fest auf den Boden, die Knie nicht durchgedrückt, sondern locker und ein wenig gebeugt, den Rücken und das Becken aufrecht, und den Kopf hoch, ohne vorgeschobenes Kinn. Halten wir die Arme locker am Körper, und lassen wir die Schultern »in die Bauchmitte sinken«, parallel zu den Ohren. Nase und Hals stehen in senkrechter Linie zum Nabel. Geben wir der Schilddrüse Raum zum Atmen. Stehen wir in voller Konzentration zwischen Ruhe und Anspannung, als sei dies eine Haltung für die Ewigkeit. Zuerst wird es uns sehr anstrengen, und wir werden uns schon nach kürzester Zeit unwohl in unserer Haut fühlen und anfangen, uns zu bewegen. Doch mit der Zeit werden wir lockerer. Stehen, nur stehen! Es atmet in uns. Spüren wir, wie der Atem sich beim Einatmen aus unserer Bauchmitte, unserem Schwerpunkt heraus erhebt, sich in Bewegung setzt, sich ausdehnt und unseren ganzen Körper ausfüllt. Spüren wir, wie sich beim Ausatmen der Atem in den Bauch zurückzieht und durch das Becken, die Oberschenkel, die Knie, die Unterschenkel, die Füße, Fußsohlen, Zehen und ganz besonders die Fersen und großen Zehen in den Boden abfließt. Konzentrieren wir uns jetzt einen Moment darauf, wie die Füße Kontakt mit der Erde aufnehmen und unser Körper und die Erde durch den Atem miteinander verbunden werden. Wir stehen fest verwurzelt wie ein Baum. Wir sind ein Teil der Erde. Wir atmen mit dieser Erde ein und aus. Dabei kommt es nicht darauf an, ob wir mit nackten Füßen auf weichem Gras stehen, ob wir das Großstadtpflaster unter unseren Sohlen spüren, ob wir auf den Steinfliesen an der Supermarktkasse warten, auf dem Parkett der Konferenzhalle stehen oder den weichen Teppichboden unserer Wohnung unter unseren Füßen haben. In Gelassenheit stehen, in Absichtslosigkeit, fest verwurzelt, locker und gerade, auf nichts wartend – das ist Zen beim Stehen.

Gehen

Barfuß
im morgendlichen Tau
tasten sich unsere Füße
langsam einen Weg
durch die moosbewachsene Wiese.
Die Stille des Augenblicks
erfüllt das Weltall.
So verlieren wir uns irgendwann
im Gehen dieses Augenblicks
in seiner gelassenen
Selbstverständlichkeit.

Wir schreiten über die Erde.
Wir schreiten über die Wasser.
Wir schreiten über die Lüfte
und verlieren uns
in der Bewegung des Körpers
im Atmen,
im Gehen.
Stille im Weltall.

Vermutlich gehen und stehen wir im Laufe eines Tages mehr, als dass wir sitzen, obwohl wir manchmal den Eindruck haben, den ganzen Tag fast nur auf unseren vier Buchstaben zu hocken! Zu gehen und sich dabei der Bewegung und des Atems bewusst zu sein ist eine wunderbare Übung, die sehr erfrischend und erholsam sein kann. Wir können sie fast überall durchführen, auf dem Heimweg von unserer Arbeitsstelle, in den Bürofluren, im Park – wo immer wir ein, zwei, drei Schritte und mehr gehen.

Werden wir uns auch hier zunächst unserer Körperhaltung bewusst – nehmen wir wahr, wie wir gehen. Gehen wir in Konzentration auf unsere Mitte; vielleicht legen wir die Hand auf unseren Bauch, um dies besser zu spüren. Von der Mitte her kann die Konzentration auf den Atem und unser Gehen erleichtert werden. Wir spüren eine kleine Bewegung im Bauch; wie von dort alle Muskeln unseres Körpers in Aktion treten; wie sich die Beine bewegen, die Fußsohlen von der Ferse zum großen Zeh abrollen; wie wir einen Fuß hochheben, während der andere fest auf dem Boden steht. Spüren wir die Schuhe, die den Fuß umhüllen, und die Strümpfe, die uns wärmen. Wir treten abwechselnd mit unseren Füßen in Kontakt mit der Erde und lösen ihn wieder. Unsere Schultern und Arme bewegen sich im Rhythmus unseres Atems. Allmählich lernen wir, in Würde zu schreiten. Wir strahlen Gelassenheit und Festigkeit aus, Aktivität und Unumstößlichkeit. Wir lernen unseren Weg kennen. Wir gehen Schritt für Schritt, lassen uns nicht beirren und von unserem Weg abbringen.

Auch beim Gehen gilt unsere volle Konzentration dem Atem. Nachdem wir unsere Aufmerksamkeit einige Zeit nur auf den Atem gelenkt haben, versuchen wir beim langsamen Gehen zu beobachten, ob wir ein oder zwei Schritte bei einer Ein- und bei einer Ausatmung machen. Dann beobachten wir beim schnellen Gehen, ob wir drei, vier, fünf oder sechs

Schritte beim Ein- und beim Ausatmen machen. Beobachten wir auch beim Laufen, wie schnell es in uns atmet. Wir sollten nur Beobachter unseres Atems sein. Lassen wir es in uns atmen, wie es will. Es kommt nicht darauf an, wie schnell oder wie langsam es atmet. Es kommt nur darauf an, ob wir es registrieren. Mit der Zeit werden wir spüren, wie unsere Körperbewegungen mit unserem Atem in Harmonie gelangen, ganz ohne unser Zutun. Dann sind wir eins mit unserem Gehen.

Wenn wir uns in dieser Weise bewegen, dann schreiten wir, statt zu gehen, zu rennen oder zu laufen. Schreiten wir mit erhobenem Haupt, als trügen wir eine kostbare Schale auf unserem Kopf. Seien wir uns unserer Würde voll bewusst. Gehen wir immer aufrecht, als würde ein warmer Mairegen unseren Rücken hinunterrieseln. Entspannen wir die Muskeln um unseren Mund, auf unserer Stirn und im ganzen Gesicht. So trägt unser Gesicht ein leichtes Lächeln. Spüren wir die Entspannung im Gesicht, und wir wissen, was Franz Werfel meint, wenn er in einem Gedicht sagt: »Atmen, lächeln, schreiten«. Seien wir nur Gehen, wenn wir langsam, ruhig und entspannt durch die Straßen unserer Stadt, über die Flure unserer Arbeitsstelle gehen oder Treppen hinaufsteigen. Gehen wir wie ein Flaneur, wie jemand, der ganz unbeschäftigt ist und jeden Augenblick genießt. Haben wir einen freundlichen Blick für jeden, der uns begegnet. Erkennen wir die flüchtigen Momente unseres Weges.

Seien wir nur Atmen. Seien wir nur Gehen. Beobachten wir, wie beides in unserer Körpermitte beginnt und in Harmonie miteinander schwingt im Rhythmus der Bewegung.

Spüren wir, wie unsere Füße sich in winterwarmen Schuhen über den Boden bewegen.

Spüren wir, wie unsere Füße in leichten Sommersandalen vom frischen Wind gekühlt werden.

Spüren wir, wie unsere nackten Füße den molligen Teppichboden in unserer Wohnung berühren.

Spüren wir, wie unser rechter Fuß von der Ferse bis zum großen Zeh auf dem Boden aufsetzt und dann wieder loslässt.

Spüren wir, wie unser linker Fuß Kontakt mit der Erde aufnimmt.

Spüren wir, wie es immer wieder einen Moment der Loslösung von der Erde gibt.

Spüren wir, wie unser ganzer Körper mit unserem Gehen mitschwingt, nach links und rechts, auf und nieder.

Spüren wir, wie all dies durch eine winzig kleine Bewegung in unserer Körpermitte ausgelöst wird. Eine kaum wahrnehmbare Bewegung bringt unseren ganzen Körper zum Schwingen. Wir schreiten leicht und frei und mit natürlicher Würde. So sind wir Nur-Gehen, Nur-Atmen. Unser ganzes Wesen genießt das Gehen. Wir brauchen nicht anzukommen, wir gehen! Unsere Schritte werden leicht und frei, ohne zu schweben. Wir gehen, bewusst Kontakt aufnehmend, fest auf dieser Erde, und bewusst Kontakt lösend, uns von allem befreiend, durch diese Welt.

Schritt vor Schritt,
manchmal zögernd,
manchmal energisch.
Ein Gehen zwischen Nichts und Nirgendwo.

Um aktiv leben zu können, müssen wir ganz bewusst und aktiv gehen. Um leicht leben zu können, müssen wir unseren Körper ganz bewusst im Rhythmus unseres Gehens schwingen. Um würdevoll leben zu können, müssen wir mit aufrechtem Körper ganz bewusst gehen. Üben wir, wann immer wir daran denken und die Möglichkeit haben: auf dem Weg zur Arbeit am frühen Morgen, auf den langen Gängen zwischen unserem Büro und dem des Kollegen, auf dem Heimweg im Stadtpark.

Sind wir Lehrerin können wir in dieser Achtsamkeit über die Schulflure gehen, zum Unterrichtsraum oder wenn wir in der Klasse zwischen den Schülern hin- und hergehen. Seien wir voll konzentriert, wenn wir gehen oder stehen. Bleiben wir, in unserer Mitte ruhend, mit dem Boden verbunden, und spüren wir unseren Atem. Nichts wird uns entgehen. Unser ganzer Körper ist hellwach und ebenso unser Geist. Nichts bringt uns aus der Fassung. Immer dann, wenn wir ein, zwei oder mehr Schritte machen in der Klasse, richten wir unseren Körper auf und tragen im Geist ein Buch auf dem Kopf. Seien wir uns unseres Gehens und Atmens voll bewusst. Setzen wir einen Fuß vor den anderen, spüren wir unsere Körpermitte und den Kontakt unseres Fußes mit dem Boden. Wir werden konzentriert alles wahrnehmen, was geschieht und gleichzeitig selbstbewusst, entspannt und würdevoll durch die Klasse schreiten.

Üben wir auch auf dem Schulhof, wenn wir Pausenaufsicht haben. Üben wir auf dem Weg zum Lehrerzimmer, wenn die Unterrichtsstunde zu Ende ist. Wir werden entspannter dort ankommen.

Zen ist Nur-Gehen. Unser Körper und unser Geist erfahren die wunderbare Leichtigkeit der Entspannung. So werden wir frei, unsere Schritte zu lenken, wohin auch immer wir gehen möchten. Wir werden die ganze Kraft der Schöpfung und ihre gelassene Selbstverständlichkeit in uns spüren. Freiheit entwickelt sich in uns durch Gehen und nicht durch Worte, Diskussionen und Gedanken über unser Durchsetzungsvermögen. Würde erlangen wir nicht, indem wir sie fordern. Würde strahlen wir aus, wenn wir natürlich, leicht und frei durch die Welt schreiten. Dabei ist es egal, ob wir jung oder alt, ob wir gebrechlich sind oder sportlich. Es ist nicht wichtig, ob wir langsam oder schnell gehen. Unser Gehen bringt unser ganzes Wesen zum Ausdruck, zeigt, ob wir kummervoll, ernst, traurig, fröhlich, freundlich, locker oder frei sind.

Nehmen wir uns, wenn möglich, jeden Tag eine halbe Stunde für eine Gehmeditation, und suchen wir uns einen ruhigen Weg, auf dem wir nicht so schnell in unserer Konzentration gestört werden und wir es leicht haben, eins mit der Natur zu werden, sei es im Park, im Wald oder auf einem Feldweg.

Hören wir im Herbst das Rascheln des trockenen Laubes unter unseren Füßen, im Winter das Knirschen des Schnees, im Frühling das Zwitschern der Vögel, im Sommer das Rauschen des Windes in den Bäumen. Riechen wir im Frühling den Duft der Blumen, im Sommer das frisch geschnittene Gras, im Herbst den Duft reifer Äpfel, im Winter die Frische des Schnees.

Unsere Sorgen machen uns blind
für die Wunder dieser Erde.
Sie zu sehen, aufmerksam zu betrachten,
achtsam zu gehen ist unsere Übung.
Beachten wir in der Stadt:
Blumen am Fenster, weiße Gardinen,
schön geschmückte Schaufenster, lachende Augen,
eine bunt bemalte Straßenbahn, ein Haus,
ein Bubengesicht, grüne oder orangefarbene Haare
auf einem jugendlichen Kopf,
das gütige Gesicht eines alten Menschen.
Wenn wir beginnen, wählen wir einen ruhigen Weg

im Park oder im Wald oder am Flussufer.
Seien wir uns jedes Schrittes bewusst.
Setzen wir den Fuß behutsam auf die Erde,
als gingen wir im Frühling
über tausend bunte Krokusse
oder eine Wiese voller Gänseblumen.
Wenn wir wollen, können wir allen Kummer ausziehen, wie eine Regenjacke.
Lassen wir beim Gehen auf unserem Gesicht ein Lächeln erblühen.
Wagen wir es einfach – warum nicht?
Und spüren wir, wie es uns entspannt.
Schauen wir jemanden an, lächeln wir grundlos in fremde Augen.
Atmen wir dabei bewusst ein und aus:
Passen wir unsere Schritte an unseren Atem an.
Folgen wir unserem normalen Atem,
machen wir keine künstlichen, langen Atemzüge.
Gehen wir immer aufrecht,
als würde ein sanfter Mairegen
unseren Rücken hinunterrieseln.

Verbeugen

Wenn Menschen mit der Zenübung in Kontakt kommen, fällt ihnen oft besonders auf, dass so viele Verbeugungen gemacht werden. Wir verbeugen uns zum Beispiel beim Eintritt in die Meditationshalle. Wir können dies als Begrüßung oder als Ausdruck der Ehrfurcht vor dem Raum und den Menschen, die mit uns meditieren werden, betrachten. Wir verbeugen uns nach dem Meditieren, zunächst im Sitzen, dann im Stehen, oder wir machen ganz tiefe Verbeugungen bis zur Erde. Manchmal sind es drei tiefe Verbeugungen; es können aber auch mehr sein.

Ganz gleich wann, wo und wie wir uns verbeugen – alle Verbeugungen tragen drei Bedeutungen in sich:

1. der körperliche Aspekt: Der Körper wird bewegt und der Kreislauf angeregt.
2. der geistige Aspekt: Der Geist bringt alle Dinge, auch den Körper, in Bewegung, und er erkennt den Körper. So entsteht die Einheit zwischen Körper und Geist.
3. der Aspekt der Fülle und Leere des Seins: Leben und Tod, Geburt und

Sterben, der Rhythmus des Kosmos und der Kreislauf der Jahreszeiten sind in jeder Verbeugung enthalten.

Vor einer Verbeugung öffnen wir unsere Arme, umschließen den ganzen Kosmos, bringen die Hände zusammen und führen sie zu unserem Körper. So nehmen wir den Odem des ganzen Universums in unsere Hände, die wir dann achtsam zur Magnolienblüte oder Lotosblüte falten. In unseren Händen führen wir alles Leben zu unserem Herzen. Dort spüren wir, wie es sich mit unserem Atem verbindet. Alles Leben der Welt füllt uns aus. Wir atmen aus und verbeugen uns in unserer Mitte, bis wir ganz leer sind, alles Leben uns verlassen hat. Mit unserem Einatmen regt sich dann wieder neues Leben in uns, wir richten uns auf und lassen unser Leben und das Leben des ganzen Kosmos wieder auferstehen.

Beim Einatmen können wir die Schöpfung des Lebens erfahren, unsere Geburt und die aller Wesen und die Auferstehung der Natur. Es ist Frühling in uns.

Wenn unser Körper aufrecht steht und in der Fülle seiner Gestalt Himmel und Erde verbindet, ist er voll des Atems. Es ist Sommerzeit in uns.

Dann verbeugen wir uns, lassen den Atem los und begeben uns in unsere Mitte. Wir lassen alles Leben los. Wir machen uns leer. Es ist die Zeit des Herbstes in uns.

So erreichen wir die Leere in unserer Mitte, fallen ganz in sie hinein. Alle Bewegung hört auf. Wir atmen aus und sinken in die Stille des Seins. Alles Leben geht zur Ruhe. Es ist Winterzeit in uns.

Sobald sich wieder neuer Atem in uns regt, erwacht von neuem der Frühling mit seinem tausendfachen Leben in uns.

Atmen und Verbeugen bergen so die Jahreszeiten im Rhythmus des Lebens in sich.

Durch die Art und Weise, wie wir in unserem alltäglichen Leben atmen, gehen, stehen, sitzen und liegen, manifestieren wir den Zen-Weg in unserem Leben. Die Achtsamkeit auf den Atem bringt uns in Berührung mit dem Wunderbaren, dem Erfrischenden, dem Heilenden, mit der Lebensfreude und der Energie in uns und um uns herum.

Zen mit allen Sinnen

Ganz wichtig ist es, dass Zenübende Vertrauen zu sich selbst haben statt zu wundertätigen Heiligtümern, Traditionen, »klugen weltlichen Sätzen« und geschriebenen Worten, Verstand, Prinzipien und Intelligenz. Damit können sie den Weg des Zen nicht gehen und nichts erreichen.
BASSUI

Wollen wir den Weg der Achtsamkeit gehen, müssen wir es mit allen Fasern unseres Seins tun. Eine wichtige Rolle kommt dabei unseren Sinnen in Verbindung mit dem Rhythmus unseres Atems zu.

Wir alle können (wenn wir nicht ein spezielles Leiden haben) hören, riechen, schmecken, sehen, fühlen und denken. Wir sehen Farben mit den Augen, hören Geräusche mit den Ohren, reden mit dem Mund, schmecken mit der Zunge und fühlen mit der Haut, denken mit dem Gehirn.

»Die Sinne sind alle Buddhas«, sagt Meister Bankei. Mit den Sinnen gestalten und erkennen wir unser Dasein in diesem Kosmos. Verbinden wir die Achtsamkeit auf unseren Atem mit bewusstem Hören, Riechen, Schmecken, Sehen, Fühlen und Denken, so ist dies der Weg des Zen zur Einheit unserer subjektiven und objektiven Welt. Bewusstwerdung dieser unserer körperlich-geistigen Tätigkeit führt uns zu unserer Wesensnatur und dem Ursprung des Kosmos.

Vielleicht macht es uns Freude, der Sprache der Vögel zu lauschen oder den Klängen einer Symphonie. Aber hören wir auch auf den Klang unserer Schritte?

Sicher lieben wir es, wenn jemand unsere Wangen streichelt, aber wie fühlt es sich an, wenn wir mit der Faust auf den Tisch schlagen?

Wir erfreuen uns am Geschmack einer Tasse Tee, doch wie ist es mit einem Gläschen bitterer Medizin?

Unser Lieblingsbild immer wieder anzuschauen weckt sicher Freude in uns, doch ein Fettfleck auf unserem neuen blauen Kleid ruft ganz andere Gefühle in uns hervor.

Der Duft eines Rosenbeetes kann unser ganzes Wesen angenehm durchdringen, doch der Weg vorbei an einem Abfallhaufen veranlasst uns dazu, uns die Nase zuzuhalten, um so dem Unangenehmen zu entgehen.

Unser Denken, gespeist von tausend Erinnerungen, bringt jeden Augenblick der Sinnestätigkeit mit unserer Vergangenheit und unserer persönlichen Erfahrung zusammen.

Richten wir unsere Achtsamkeit auf die Sinnestätigkeit, so geht es darum, die Sinne wieder zu erleben, ohne das Kleid unserer Erfahrungen. Ziehen wir dieses Gewand aus und sinken wir hinein in das wahre Sein unserer Sinne. Die Konzentration auf unseren Atem beim Hören, Riechen, Fühlen, Schmecken, Sehen und Denken kann uns dabei behilflich sein. So können wir uns in vorurteilsloser Sinnestätigkeit üben. Damit beschreiten wir einen Weg der Befreiung von Wahrnehmungen, die unser Leben so schwer machen können. Die Gedankenfesseln der Vergangenheit und die Gedankenfesseln der Angst vor der Zukunft lösen sich nach und nach auf. Wir kehren immer mehr in die Gegenwart zurück, in der sich das wirkliche Leben abspielt. Denn wir können das Rufen eines Kindes nur in diesem Augenblick hören, den Freudensprung des Partners nur jetzt sehen, den frischen Pfirsich nur jetzt schmecken, den Duft des frischen Brotes nur jetzt riechen und das weiche Fell der Katze nur jetzt fühlen.

Achtsamkeit auf unsere Sinne führt uns in den gegenwärtigen Augenblick zurück. Aktives Leben geschieht im Hier und Jetzt. Freude und Freiheit erfahren wir im Hier und Jetzt, nicht in der Vergangenheit oder Zukunft. Das Leben in der Gegenwart gibt Ruhe, Gelassenheit und vermittelt die Erfahrung, das Leben zu meistern.

Üben wir also die reine Aktivität unserer Sinne in Verbindung mit dem Rhythmus unseres Atems. Gedanken-Augenblick für Gedanken-Augenblick, wie der chinesische Zenmeister Huang-po sagt. Denn durch die Sinne offenbart das Sein seine ganze Fülle und Kraft.

Alle Wesen sind Blumen
blühend in einem
blühenden Universum.
NAKAGAWA SÔ-EN

Wenn du schmeckst, dann schmecke

Alle Lebewesen sind heute auf der Suche nach Nahrung.
Mögen sie alle genug zu essen finden.
Mögen wir selbst und all die Menschen, die wir lieben,
heute und ein Leben lang genug zu essen haben.

Bei den meisten von uns ist der Geschmackssinn zwar entwickelt, aber im Alltag schenken wir ihm doch im Allgemeinen wenig Beachtung. *Wenn du isst, dann iss*, heißt es im Zen. Immer wieder werden wir aufgefordert, mit aller Achtsamkeit zu essen, und das bedeutet, eins zu werden mit dem, was wir zu uns nehmen.

»Wenn du isst, dann iss«. Aber wie sollen wir essen? Was bedeutet achtsames Essen, eins werden mit der Nahrung? Nehmen wir an, wir wollen eine Gemüsesuppe essen. Eine Schale Suppe steht vor uns auf dem Tisch. Stürzen wir uns nicht gleich darauf, und schlingen wir sie nicht in Eile und mit viel Geplapper hinunter. Sammeln wir uns erst einen Moment. Bitten wir darum, dass alle Lebewesen heute genug zu essen haben. Denken wir dabei an die vielen Menschen in den Kriegs- und Katastrophengebieten dieser Welt, an die Menschen, die in den verstrahlten Gegenden unserer Erde leben müssen, an verschmutzten Gewässern oder in abgeholzten Regenwäldern, denken wir an die vielen Obdachlosen auch bei uns, an all die Kinder, die von zu Hause weggelaufen sind und auf der Straße leben. Sie alle mögen genug zu essen haben. Durch dieses Vergegenwärtigen schaffen wir eine helfende und heilende Verbindung zu allen notleidenden Menschen. Schauen wir dann auf unseren Tisch: Wie schön er gedeckt ist. Sehen wir die Farbenpracht in unserer Suppenschale: das Grün der Erbsen, das Orangerot der Möhren, das Braun der Bohnen. Sehen wir die verschiedenen Formen der Zutaten. Stellen wir uns vor, welchen Weg das Gemüse über das Säen und Pflanzen im Garten, das Putzen, Schneiden und Kochen in der Küche bis hier in unsere Schale gewandert ist.

Atmen wir den herrlichen Geruch der Gemüsesuppe ganz bewusst ein, lassen wir ihn durch unseren Körper hindurchziehen und erfreuen wir unseren Geist daran.

Unsere Sinnesorgane sind das Tor zu unserem Wesen. Beim Essen können wir alle Sinne, nicht nur den Geschmackssinn anregen und nähren: das Sehen, den Geruchssinn, den Tastsinn, Geschmackssinn, das Gehör und den Geist. Nehmen wir den Löffel in die Hand, spüren wir das Metall an unseren Fingern, rühren wir die Suppe ein wenig und pusten wir die Hitze weg.

Die Suppe ist inzwischen nicht kalt geworden, denn der lange Weg der Achtsamkeit dauert nur die kurze Zeit eines Augenblicks!

Wenn wir jetzt den Löffel zum Mund führen, riechen und schmecken wir die kraftvolle Brühe, das knackige Gemüse und die Gewürze. Atmen wir ein und aus, im Rhythmus unserer Bewegungen. Das Kauen und die Bewegung des Kiefers, die Geräusche des Essens und das Schlucken dringen an unser Ohr. Mit unserem Geist folgen wir dann der Suppe durch den Schlund in den Magen. Wir wissen, dass die Verdauungsorgane ihre Tätigkeiten beginnen und vollenden. Wir erfahren das wohlige Gefühl unseres Körpers, wenn die warme Suppe ihn durchdringt. Jetzt nehmen wir mit der gleichen Achtsamkeit den nächsten Löffel Suppe. Seien wir ganz Suppe – mit den Augen, mit der Nase, mit dem Mund, mit unserem ganzen Körper und Geist.

So erfahren wir die Einheit von Suppe, Körper und Geist durch unsere Sinne. Sie verbinden sich im Essen einer Gemüsesuppe. Subjekt und Objekt verbinden sich im Tun. Der ganze Kosmos liegt im Hier und Jetzt einer Gemüsesuppe, die wir in voller Achtsamkeit essen. Augenblick für Augenblick wird die Harmonie zwischen Geist und Körper hergestellt, und wir schaffen bewusst eine helfende Verbindung zu allen hungernden Lebewesen.

Wir stehen in Verbindung mit dem ganzen Kosmos bis hin zum Ursprung allen Seins, denn in allen Nahrungsmitteln ist die ganze Schöpfung, das gesamte Universum, der Eine Geist in allen Ausdrucksformen des Seins enthalten. Betrachten wir dies einmal beim Essen einer Banane: Schauen wir uns die Banane zunächst einmal in Ruhe an. Machen wir uns klar, dass Millionen von Menschen hungern, weil sie keine Arbeit haben, in Kriegsgebieten leben, auf der Flucht sind, aufgrund von Naturkatastrophen oder weil die Menschen der westlichen Welt ihre Ressourcen plündern. Denken wir vor dem Essen der Banane daran: Alle Lebewesen sind heute auf der Suche nach Nahrung. Mögen sie alle genug zu essen finden. Mögen die Menschen in den Slums der Großstädte Südamerikas heute zumindest eine Banane zum Essen haben.

Erkennen wir die Verbindung der Menschen, der Erde und des ganzen Kosmos mit uns in dieser Banane.

Riechen wir den Duft der Banane in Ruhe und Achtsamkeit.

Schauen wir die gelbe, teilweise braune Farbe und die Form der Banane in Ruhe und Achtsamkeit an.

Erspüren wir achtsam die glatte sechseckige Schale der Banane.

Erlauschen wir durch das Klopfen unseres Fingers an der Schale das Wesen und die Reife der Banane.

Spüren wir in uns hinein, welche Gefühle, getragen von Erinnerungen, in uns emporsteigen. Haben wir Lust und Appetit auf eine Banane, oder mögen wir eigentlich keine? Wie gesund ist eine Banane für unseren Körper und Geist? Wie ist ihre biologische Zusammensetzung?

Denken wir daran, was alles existieren muss, damit wir diese Banane in unseren Händen halten können: das Gemüsegeschäft und die Verkäuferin, der Großmarkt, die Auktion und der LKW mit seinem Fahrer, das Schiff, der Container, die Seeleute und der Hafen in Bremen. Das Meer und die Hafenarbeiter in Südamerika. Die Bananenplantage des Großgrundbesitzers und die Arbeiter, die für einen Hungerlohn die Bananen pflücken.

Zu dieser Banane gehören auch die Sonne, der Regen und der Wind auf den Plantagen, die Erde und das Wasser in der Erde. Ohne die Entstehung des Erdteils Südamerika gäbe es genau diese Banane nicht. Auch die Erde, unser Sonnensystem, ja letztlich der ganze Kosmos mussten entstehen, damit diese eine Banane jetzt in unseren Händen sein kann.

Wenn wir in dieser Weise essen, können wir durch die Tore unserer Sinne gleiten und diesen einen Augenblick zusammen mit der Banane und dem ganzen Universum genießen.

Laden wir unsere Kinder an einem warmen Sommertag zur Eismeditation ein. Verteilen wir Eis, und setzen wir uns auf das Gras in unserem Garten oder in einer ruhigen Ecke im Stadtpark.

Betrachten wir zuerst das herrliche Eis. Lecken wir einmal, und probieren wir die kühle, süße Frische, wie sie unsere Zunge erfrischt und dann den ganzen Gaumen. Registrieren wir genau den Geschmack der Erdbeeren und der Vanille und beim Schlucken das angenehm kühle Gefühl in der Kehle. Langsam und genüsslich eins werden mit dem Eis.

Nur Eis. Nur Eis. Die ganze Welt versinkt im Erdbeereis. Wir atmen ein, wir atmen aus, wir lecken Eis, was wollen wir mehr?

Wenn du riechst, dann rieche

Spiele mit den Blumen,
und ihr Duft
parfümiert dein Gewand.
Kido Chigo

In fast allen Religionen spielen bei heiligen Zeremonien die Düfte eine große Rolle, sei es als Weihrauch, als Räucherstäbchen, als Räucherkraut. Unser Geist lässt sich durch Düfte sehr leicht verführen, anregen, in himmlische Sphären entrücken oder beruhigen und heilen.

Wir entdecken heute die Kraft und die Wirkung von Düften neu und nutzen sie gezielt. Dufttherapien und Dufterlebnisse sind den Menschen wichtig geworden. Alte englische Rosen duften in unseren Gärten. Gärten werden wieder zu einem Paradies aus Düften. Auch bei unseren Blumen- und Pflanzenzüchtern ist dies angekommen. Neue Züchtungen duften wieder. Wie herrlich ist es, durch ein blühendes Lavendelfeld in der Provence zu gehen!

Trainieren wir unseren Geruchssinn wieder, damit wir die Welt der Düfte genießen können und Heilung durch sie erfahren. Atmen wir mit unserer ganzen Haut und nicht nur mit der Nase bewusst unsere Umwelt ein. Erleben, erkennen wir die Welt mit unserem Geruchssinn. Wie wunderbar riecht doch die Haut unseres Kindes oder unseres Partners, unserer Partnerin. Erkennen wir diesen Duft aus tausend Düften heraus und werden wir eins mit ihm.

Wie ist der Geruch in unserem Wohnzimmer, in unserem Schlafzimmer oder in unserem Auto? Genießen wir den Duft eines herrlichen Essens, den Duft der Kräuter, den Duft des Gemüses, den Duft des Obstes, den Duft der Kerze und den Duft der Blumen in der Vase.

Als Meister Yün-men einmal nach dem Sinn der Zenlehre gefragt wurde, antwortete er: »Der Duft des Reisbreis.« Lassen wir den Duft des Reisbreis durch uns hindurchströmen und uns von ihm einhüllen. »Vergesst nicht den Thymian zu riechen«, empfahl Thích Nhât Hanh den Sozialarbeitern, die während des Vietnamkriegs den Verwundeten in den bombardierten Dörfern halfen. Dieser Moment des Einsseins mit dem Duft des Thymians ließ sie für einen Augenblick die Ängste ihres Alltags vergessen und gab ihnen neue Kraft.

Im Zen üben wir das Einswerden mit allen Gerüchen aus unserer Umgebung, die unsere Nase erreichen. Dabei geht es nicht nur um den Duft der Rose und den Geruch der frischen Meeresbrise. Es geht auch um den Geruch der Autoabgase und des Sommersmogs im Straßencafé und der Abwässer am Meeresufer unseres südlichen Ferienortes.

Wenn wir uns bemühen, ohne Urteil, ohne Beurteilung und Verurteilung, ohne Einordnung und Benennung zu riechen, dann ist das der Weg des Zen. Irgendwann wird die Übung uns erfahren lassen, dass es keinen Unterschied gibt zwischen dem Geruch der Gülle, die der Bauer aufs Feld fährt, und dem Duft eines luftigen Frühlingsparfüms, ohne dass wir den Geruchssinn verloren haben oder die Freude an schönen Düften.

Deshalb üben wir uns darin, hinter dem Allerweltsgeruch fernsehbekannter Düfte den Geruch unserer Mitmenschen zu riechen, ganz gleich, ob er für uns angenehm ist oder unangenehm. Erkennen wir, warum wir unseren Nachbarn nicht »riechen können«. Üben wir einfach nur, den Geruch wahrzunehmen und zu registrieren. Wir werden erfahren, wie er unsere Nase erreicht, uns durchdringt und sich wieder verabschiedet.

Wie flüchtig ist doch der Duft, flüchtig wie unsere Gedanken, Beurteilungen und Unterscheidungen, flüchtig wie das Leben. »*Leben weht immer.*« (Rilke) Sein Duft weht von einem Menschen zum anderen, von Pflanzen zu Menschen, von Tieren zu Menschen und von Menschen zu Pflanzen und Tieren, zu allen Lebewesen und Dingen unseres Daseins. Wie flüchtig ist der Duft eines Menschen, der auf der Straße an uns vorbeigeht. Wie flüchtig ist der Duft des Fliederbaumes, an dem wir vorbeigehen. Wie flüchtig ist der Duft des Augenblicks, flüchtig wie der Hauch unseres Lebens.

Stellen wir eine Blume an unseren Meditationsplatz. Ein zarter Duft wird der Blüte entströmen. Zünden wir eine Kerze an. Der Duft des Bienenwachses wird uns erreichen. Lassen wir etwas Weihrauch glühen, und sein Duft wird uns erfüllen und unser Wesen, unseren Körper und damit unseren Geist ausfüllen. Der Duft des Zen ist körperlich. Der Duft des Zen wird sich in unserem Wesen entfalten, ohne Unterscheidung zuzulassen.

Einem, der ihn brach,
schenkt er dennoch seinen Duft –
Pflaumenblütenzweig.
KAGA NO CHIYO

Wenn du siehst, dann sieh

So schlicht und einfach
fand sich der Frühling ein –
als Blau des Himmels.
ISSA

Heutzutage sind unsere Augen vielfach überstrapaziert. Wir haben gelernt, zu sehen und doch nicht zu sehen. Blind sind wir für die Dinge um uns herum. Versuchen wir, neu zu sehen, mit neuen Augen zu sehen.

Schauen wir in diesem Moment einmal um uns herum. Was sehen wir alles? Verweilen wir in Ruhe bei den Dingen. Registrieren wir den Platz, die Form, die Farbe. Welche Verbindung hat dieser Gegenstand zu unserem Leben? Atmen wir bewusst. Meditieren wir mit unseren Augen. Wie wirken die Formen auf uns: die Kugel, der Zylinder, der Quader, der Würfel? Wo sind solche Formen jetzt zu sehen? Wo ist ein Kreis, ein Rechteck, ein Quadrat, eine Ellipse, eine Spirale? Welche Farben dominieren den Raum? Welche wirken wie hingeworfene Farbtupfer? Welche Formen tragen welche Farben, und wo im Raum sind sie platziert?

Wie sind die Menschen um uns herum gekleidet? Welche Farben tragen wir selbst heute? Lassen wir uns Zeit. Verlieren wir uns in den Formen und Farben, und beurteilen wir nicht: angenehm, unangenehm, schön, hässlich, groß, klein, aufregend, beruhigend. Nehmen wir einfach nur wahr, und atmen wir mit unseren Augen. Erkennen wir die Farben der Augen, die mit uns sprechen, und ihre frohe, traurige oder ängstliche Ausstrahlung.

Genießen wir die Tätigkeit des Sehens – dass wir mit unseren Augen die Welt in uns aufnehmen. Nehmen wir bewusst die Schönheit und die

Hässlichkeit der Welt wahr. Was *in uns* macht die Welt schön, was *in uns* macht sie hässlich? Lassen wir dies los, und schauen wir nur. Betrachten wir Licht und Schatten, wie sie in ständiger Bewegung sind und die Formen und Farben um uns herum verändern. Lassen wir unsere Augen in ruhiger Gelassenheit umherwandern, ohne die Fragen Warum? Wieso? Weshalb? im Kopf.

Wir sind oft unruhig und gestresst, weil tausend bunte Bilder in immer schnellerer Abfolge unsere Aufmerksamkeit erhaschen wollen und in unser Unterbewusstsein eindringen möchten. Die Reklamelichter und Bilder in den Straßen der Großstadt gönnen den Betrachtenden keine Ruhe mehr. Immer aggressiver und mit immer ausgeklügelteren psychologischen Tricks versucht die Geschäftswelt unsere Aufmerksamkeit zu ködern. Aber auch in unserem trauten Heim kann unser Auge sich nicht ausruhen und durch ein Minimum an Farben und Formen die dringend notwendige Ruhe finden. Oft läuft der Fernseher mit seinen schnell wechselnden Bildern, ob im Wohnzimmer, im Schlafzimmer oder in der Küche, und im Kinderzimmer sowieso. Unser Blick wird magnetisch von diesen Bildern angezogen. Oft sitzen wir Stunden und Stunden vor dem Bildschirm. Wenn wir dann keine Lust mehr verspüren, setzen wir uns noch an unseren Computer und surfen im Internet. Anstrengung über Anstrengung für unsere Augen!

Gönnen wir unseren Augen ab und zu einen beruhigenden Gang durch das Grün des Stadtparks oder statt eines Fernsehfilms die entspannende Abfolge von schwarzen Buchstaben auf naturfarbenem Papier. Lesen wir einen guten Roman oder ein schönes Gedicht. Unsere Augen und unser Geist werden es uns danken.

Nur sehen! Schauen wir einfach! So erreichen wir das schweigende Sehen mit unserem ursprünglichen Geist. Wir werden wieder lernen, uns mit den staunenden, offenen Augen eines Kindes an der Welt zu erfreuen. Dann hat auch ein bewölkter Tag seinen Blütentraum.

Ein bewölkter Tag.
Statt der Sonne
leuchtet heut
Kirschblüte nur.
KYOHAKU

Wenn du fühlst, dann fühle

Die feinsten Dinge werden erfühlt.
Worte können sie nicht ausdrücken.
Das Gefühlte laut werden zu lassen
verdirbt nur seine Schönheit
und beraubt es der Kostbarkeit.
HAZRAT INAYAT KHAN

Die Sinne zu öffnen, sich der Welt zu öffnen, Feingefühl zu entwickeln und das Leben durch unsere Haut in uns hineinzulassen – auch dies ist eine spirituelle Übung des Zen. Sensibilisieren wir uns wieder für die Dinge, die wir nur fühlen können. »Alle Dinge sind im Herzen.« Das erfahren wir, wenn wir bewusst Kontakt zu unserer Umwelt aufnehmen.

Spüren wir die warmen Strahlen der Sonne und die Kühle des frischen Windes im Sommerurlaub auf unserer Haut und den Sand zwischen den nackten Zehen. Erleben wir, wie unsere Haut die Welt der Dinge erfühlt und ertastet. Schauen wir uns ein kleines Kind an, wie es seine Umgebung mit seinem Tastsinn erkennen und erleben lernt. Wir wissen, wie wichtig die liebevollen Streicheleinheiten sind für die Entwicklung des Kindes in ein Leben voller Vertrauen.

Heilende Hände sind Hände, die unsere Aura und Haut berühren. Sie lösen Schmerzen auf und fördern den Regenerationsprozess im Körper. Wie wärmend und beruhigend ist eine zärtliche Hand, die uns berührt. Ertasten, fühlen wir mit den Händen unsere Haut im Gesicht. Fühlen wir unsere Kleidung auf der Haut, unsere Haare an der Kopfhaut und die Schuhe an unseren Füßen. Wie fühlt sich die Haut unseres Kindes an, wie die unseres Partners? Spüren wir in Achtsamkeit und mit Zärtlichkeit, und genießen wir diesen Kontakt nicht nur einmal am Tage, sondern immer wieder, wenn sich die Gelegenheit ergibt. Ein bewusstes Streicheln über die Wangen, die zarte, ruhige Berührung einer Hand lösen seelische Spannungen und bringen Vertrauen, Frieden und Glück für einen ganzen Tag. Bewusstes Berühren und Fühlen sind spirituelle Handlungen.

Alle Lebewesen brauchen diesen Kontakt. Es ist bekannt, dass einer Pflanze ein ruhiges, konzentriertes Streicheln über ihre Blätter gut tut.

Nicht nur wir brauchen die Pflanzen für unser Wohlbefinden, auch sie brauchen uns. Denken wir auch beim Zubereiten unserer Mahlzeiten daran. Wie fühlt sich unser Brot an, der Apfel und die Kartoffel, der Salat und die Möhre?

Alle Gegenstände, die uns umgeben, möchten ganz bewusst erfühlt werden, damit sie von uns erkannt und wir eins mit ihnen werden können. Wie fühlt sich die Tasse an, aus der wir unseren Kaffee trinken? Wie der Stuhl oder der Sessel, auf dem wir sitzen? Ist er hart, weich, glatt, rauh, warm oder kühl? Wie fühlt sich unser Bett an, in dem wir schlafen? Wie die Klinke der Tür, durch die wir die Wohnung verlassen, und wie das Lenkrad unseres Fahrrads, mit dem wir durch die Straßen radeln? Tasten wir bewusst und achtsam die Gegenstände ab, mit denen wir täglich in Berührung kommen. Sind sie groß, handlich, rund, kantig, scharf oder stumpf? Nehmen wir sie wahr mit unserem Tastsinn; sie sind ein Teil unseres Lebens. Sie *sind* in diesem Augenblick unser Leben.

Versuchen wir einmal, wie ein Blinder unsere Umgebung zu ertasten und zu erfühlen. Welch neue Welt erschließt sich uns; welche Weite öffnet sich unserem Gefühl!

Wenn du hörst, dann höre

Windstill
Hörbar ist die Stille,
großartige Liebestat der Natur.
Ich höre zu, fühle mich eingeweiht.
Tastbar wird die Stille in meinen Gebärden.

Wie wir bereits gesehen haben, ist im Zen das Einswerden mit unseren Sinnen von großer Bedeutung, denn die äußere Welt entsteht und wird erfahren durch das Sehen, das Hören, das Riechen, das Schmecken, das Fühlen und das Umsetzen der Bilder in den Gedanken.

Viele Übungen im Zen haben das Einswerden mit dem Klang, der gerade in diesem Moment unseren ganzen Körper durchdringt, zur Grundlage. Wo entsteht ein Klang, und wo geht er hin?

Versuchen wir, dies zu erlauschen.

Verschiedene religiöse Ursprungstheorien sehen das Universum und seine Entstehung als eine Verbindung von Klang, Energie und Atem. So heißt es im Neuen Testament: »Am Anfang war das Wort, und das Wort war bei Gott, und Gott war das Wort.« (Joh. 1,1)

Meister Yün-men wurde nach dem Kern der Lehre gefragt und er antwortete: *»Su – Su – Lu – Lu.«*

In der japanisch-chinesischen Vorstellungswelt ist das höchste Wort (*Su*) der innerste Kern allen Seins. Diesem höchsten Wort sollen fünfzig reine Klänge (*Koto*) entsprungen sein, die sich zu Schwingungen verschiedener Konzentration entwickelten. Sie sind als Ton, Farbe und Form wahrnehmbar, eben als die phänomenale Welt (die Welt der »Erscheinungen«), als Elemente des »Klang-Geistes«. Diese Klang-Elemente sind mit kosmischer Energie (*Ki*) und mit Atem erfüllt und gelten als der Ursprung der Schöpfung.

Danach ist das Universum aus einem unvorstellbar komprimierten Punkt, durch die ultrakonzentrierte Schwingung *Su* entstanden. Aus diesem *Su* entwickelte sich spiralförmig der Ton als kosmische Einatmung, als »Energie-Ton-Atem«. *Su* erweiterte sich kreisförmig in die Klänge *u-u-u-yu-mu*. Die Spannung zwischen diesen Klängen führte dann zur Entstehung von Geist/Materie, Feuer/Wasser und Yin/Yang. Sie entwickelten sich weiter zu 75 Elementen, die die Existenz unser Welt ausmachen.

Aus dem Wort *Su* erwuchsen auch die Vier Geisteshaltungen:
1. Weisheit; 2. Fortschritt; 3. Harmonie; 4. Mitgefühl;
und die Drei Elemente:
1. Symbol Dreieck. Harmonie: Dampf;
2. Symbol Kreis. Einatmung: Flüssigkeit, Vereinigung;
3. Symbol Quadrat. Ausatmung: Festkörper, Stabilität;
sowie die Acht Kräfte:
1. Bewegung; 2. Ruhe; 3. Festigung; 4. Loslösung; 5. Ausdehnung; 6. Zurücknahme; 7. Vereinigung; 8. Teilung.

So entstand nach dieser Auffassung das Universum durch die Interaktion der Klänge. Gemäß dieser Theorie hat jedes Prinzip im Kosmos einen heiligen Grundton, der sein Wesen enthält. Wer die Bedeutung dieses Klanges kennt, kann seine Funktion verstehen und sich dabei mit dem jeweiligen »Klang-Geist« verbinden.

Erwähnt wurde in diesem Zusammenhang schon *Ki*, die kosmische Energie. *Ki* ist eine subtile Energie, die das Universum antreibt, auch den Ton. *Ki* ist die Lebenskraft, die die Dinge zusammenhält, auch die Klänge. *Ki* ist unlösbar mit dem kosmischen Atem verbunden. Es strahlt den kosmischen Atem aus, und der kosmische Atem ist die lebende Kraft, die *Ki* aktiviert. Alles in dieser Welt atmet in der einen oder anderen Form. Wenn wir in Übereinstimmung mit dem Kosmos atmen, werden wir mit dem heiligen Grundton unseres Wesens übereinstimmen und zugleich von der Schöpfungskraft durchdrungen.

Energie – Ton – Atem: *Ki – Su – Kokyu.*

So ist es nicht verwunderlich, dass die Suche und das Erkennen des einen Tons, des persönlichen Klangs eines Wesens, eine wichtige Erfahrung in der Zenübung ist. Viele Zengeschichten ranken sich um das Suchen und Finden des einen Tons. Der eine Meister erkannte sein Wesen, als ein Stein an einen Baum schlug, ein anderer, als er einen Vogel rufen hörte, ein weiterer, als er das Klatschen der einen Hand hörte.

Wie abgestumpft ist unser Gehör in einer Welt der lauten Geräusche. Können wir noch den Grundton, den Wesenston, eines Lebewesens, eines Steins, des Blätterrauschens eines Baumes, unseres Autos erkennen?

Die Zenübung zielt darauf, dass wir den Grundton unseres eigenen Wesens erfahren und eins damit werden. Dann leben wir in Harmonie mit uns. Dann schwingen wir im Rhythmus unserer Lebensmelodie. Wir spielen auf diesem Ton in tausend Variationen und erfahren die Interaktion unseres Tons mit den Klängen des Kosmos. Dann erfahren wir, wie der Grundton unseres Wesens in unserer Körpermitte entsteht und sich mit Energie und Atem zu unserem ganz persönlichen Lebensausdruck verbindet.

Der Eine Geist, die Fülle des Seins, drückt sich so einmalig und persönlich durch uns aus und spielt die Lebensmelodie Augenblick für Augenblick immer wieder neu und anders. Nichts wiederholt sich in uns. Nichts wiederholt sich in irgendeiner Form ein zweites Mal. Auch ein so genannter Klon wird nie eine völlig identische Lebensmelodie mit einem anderen Wesen haben. Jedes Teil der phänomenalen Welt hat seine eigene Grundmelodie.

Lernen wir in unserer lauten Welt wieder zu hören, ganz tief, ganz fein, ganz rein, den klaren, einmaligen Klang eines Wesens.

Alter Teich in Ruh –
Fröschlein hüpft vom Ufersaum,
und das Wasser tönt.
Bashô

Wie rauschen normalerweise die Klänge an uns vorbei, ohne dass wir uns dessen bewusst werden. Die Melodie eines Gesangs, erfüllt sie noch bewusst unseren Bauch? Spüren wir das Rufen eines Vogels in uns? Erkennen wir die Schritte eines geliebten Menschen? Erkennen wir das Motorengeräusch unseres Autos, das Sprudeln des Wassers in der Kaffeemaschine? Wie ist es bei einem Gespräch, hören wir die Höhen und Tiefen, die Freude, die Angst, die Aufregung unseres Gesprächpartners, unseres Kindes, unserer Partnerin, unseres Arbeitskollegen? Wie ist es mit unserer eigenen Stimme?

Hören wir einmal bewusst und ohne Vorurteile die Melodie der Straße, wenn wir an einem sonnigen Abend draußen sitzen: Das Stimmengewirr der Menschen, das Klappern der vielen Fußschritte, das Brummen und Surren der vorbeifahrenden Autos, zwischendurch plötzlich ein lautes Lachen und der Ruf eines Namens.

Zen lehrt uns, den *einen* Klang des Augenblicks aus allen Geräuschen herauszufiltern und ganz in ihm aufzugehen. Nur Hören. Nur Hören.

Achtsamkeit ist die Energie, die unsere Laute bündelt und ihren wahren Sinn leuchten lässt. Der Klang unserer Worte sollte wie eine wunderbare Melodie sein: ob laut oder leise, tief oder hell, schnell oder langsam, kraftvoll oder zart. In unserem Leben sollten unsere Worte das Lied unseres Daseins spielen. Spielen wir unsere Melodie voll Achtsamkeit, damit kein Ton, kein Klang unbewusst verhallt. Unsere Wortmelodie sollte im anderen zum Klingen kommen, sollte Frieden stiften, Wunden der Seele heilen, Ängste verscheuchen, Mut machen, Traurige trösten und beruhigen. Umsichtig und achtsam sollten wir die Wirkung unserer Worte auf andere Menschen, auf Pflanzen und Tiere, auf alle Lebewesen und den ganzen Kosmos bedenken.

Welche Kraft entfaltet sich in heilenden und liebevollen Lauten! Friedvoll soll unsere Lebensmelodie erklingen. Beobachten wir auch unsere Lippen, unseren Mund, wie er Töne formt. Machen wir »Mundyoga«, lächeln wir, und unsere Sprache wird schöpferisch, heilsam und belebend, statt zerstörerisch. Denn achtsames Sprechen kann Frieden und Vertrauen bringen; unachtsames Sprechen hingegen kann zu Gewalt und Zerstörung führen.

Machen wir uns bewusst, wie oft wir täglich urteilen und verurteilen, befehlen, verletzen und unseren Machtgelüsten freien Lauf lassen. Gehen wir morgens mit liebevollen Worten von Zuhause fort, geben wir unseren Familienmitgliedern Kraft und Stärke und Freude mit auf den Weg. Im Kontakt mit Kolleginnen und Mitarbeitern helfen aufmunternde Worte, mehr Freude an der Arbeit zu empfinden. Bitten wir um Verzeihung, wenn unachtsame oder lieblose Worte unsere Lippen verließen und schließen wir versöhnende und friedvolle an. Am Abend schenkt der beruhigende Klang unserer Sprache den Menschen, die wir lieben, einen friedlichen Schlaf.

Wenn du denkst, dann denke

Wolken gönnen den
Mondbeschauern ab und zu
eine kurze Rast!
BASHÔ

Im Zen wird das Denken, die Bewegung des Verstandes, als ein Teil der Sinnesaktivitäten betrachtet. Es wird aber auch immer wieder betont, dass wir unsere Gedanken loslassen und uns auf die Beobachtung unseres Atems konzentrieren sollen. Ein oft beobachteter Irrtum ist es, zu glauben, dass Loslassen Anhalten bedeute, wir etwas erreicht hätten, wenn wir im Stande sind, unsere Gedanken für eine Weile zu stoppen, und dass damit die in der Zen-Literatur vielgelobte »Leere« eingetreten sei.

Einmal nicht denken – ach, wäre das wunderbar! Sich flüchten in die Welt des »Nicht-Denkens«. Aber – Gedankenlosigkeit ist nicht die berühmte »Zen-Leere«!

Im Zen üben wir zunächst einmal, unsere Gedanken ganz bewusst wahrzunehmen, wenn wir still und ruhig in Meditation sitzen. Wie sieht das

Gedankenspiel in unserem Kopf aus? Zum hundertsten Mal führen wir die gleiche Diskussion, machen wir Pläne, erleben wir ein Ereignis aus längst vergangener Zeit. Viele tausend Gedanken entstehen täglich in unserem Körper und Geist. Manche dieser Gedanken, Gefühle oder Phantasien, die in uns hochkommen, sind interessant, manche sind abschreckend und manche sind langweilig. Die Übung besteht darin, dass wir sie alle ohne Vorurteile und ohne Bewertung beobachten. Gedanken oder Gefühle kommen hoch! Gedanken oder Gefühle verschwinden auch wieder und neue kommen! Mehr ist es nicht! Es interessiert den Spiegel überhaupt nicht, ob wir uns in ihm spiegeln oder ob eine Fliege vorbeikommt. Ein Spiegel oder eine glatte Wasserfläche beherrscht die vollkommene Kunst, alles anzunehmen, was sich in diesem Moment zeigt. Deshalb werden beide den Zenübenden immer wieder als Vorbilder genannt. Dabei heißt es vor allem zu lernen, das zu akzeptieren, *was ist,* nichts nach den eigenen beschränkten Einsichten zu verformen. Dies bezieht sich besonders auf Dinge, die sich in der Vergangenheit abgespielt haben, aber auch auf das, was sich in diesem Augenblick ereignet oder was wir uns für die Zukunft ausmalen.

Werden wir uns unserer Gedanken bewusst, aber nehmen wir keinen Kampf mit ihnen auf. Beobachten wir nur unseren inneren Dialog und lassen wir ihn, wie weiße Wolken am blauen Himmel, ruhig und sanft oder, wie dunkle Gewitterwolken, stürmisch und aufbrausend als Spiel unseres Geistes an uns vorüberziehen. Seien wir Beobachter – lächeln wir diesem Wolkenspiel zu. Erfreuen wir uns an den hellen Dunstgebilden, die kommen und gehen und sich ständig verändern. Betrachten wir die Gedanken wie Regenwolken eines Maitages und erkennen wir, dass Regen die Erde befeuchtet und zum Leben und Wachstum anregt.

Setzen wir uns an einem ruhigen Platz zur Meditation auf ein Kissen und beobachten und genießen wir unser heiteres und regnerisches und teils stürmisches Gedankenspiel. Richten wir das Licht unserer Achtsamkeit auf die Gedanken, bringen wir auf diese Weise die Kraft der Konzentration in unsere Gedanken und wandern wir hinein in tiefe Einsicht und Erwachen. Denn *»wenn Gedanken aufsteigen, erheben sich alle Dinge unserer Welt, und wenn Gedanken weiterziehen, schwinden alle Dinge dieser Welt.«* (Huang-po) Während eine Gedankenwolke der anderen folgt, versuchen wir, keine fest zu halten, nicht an einer hängen zu bleiben. Lassen wir sie kommen und vorüberziehen. Wolken kommen und gehen. Erfahren wir den Zwischenraum des leeren Himmels, und neue Wolken kommen und ziehen vorbei, und der wunderbare Augenblick des Zwischenraums ist da – das ist Gedankenleere. Das Gedankenspiel gleicht dem Spiel des Atems: Einatmen – Ausatmen – wunderbarer Augenblick der Leere.

Üben wir, die Gedanken kommen zu lassen und auch wieder gehen zu lassen. Üben wir, unsere Gedanken neben uns auf die Matte zu legen, sie nicht zu verscheuchen, sondern ihnen zu versprechen: Später werde ich mich mit euch beschäftigen, jetzt aber ist die Zeit der Meditation. Ich werde jetzt einfach nur meinen Atem beobachten.

Lenken wir dann nach einiger Zeit unsere Aufmerksamkeit auf unsere Sinne.

1. Was *höre* ich jetzt? Vielleicht das Tropfen des Regens auf das Dach: tropf, tropf, tropf?
2. Was *rieche* ich jetzt? Erfüllt der Geruch des Räucherstäbchen meine Nase, meinen Körper, mein Wesen? Atmen Sie ein und aus.
3. Was *fühle* ich jetzt? Ist es Schmerz im Knie oder Verspannung im Nacken? Atmen Sie in den Schmerz hinein, und lassen Sie die Ausatmung durch den Schmerz aus dem Körper in die Erde fließen.
4. Was *sehe* ich jetzt? Betrachte ich die Gleichmäßigkeit des Bodens vor mir oder das Flackern des Kerzenlichtes?
5. Was *schmecke* ich jetzt? Ist da noch der süße Nachgeschmack des Bonbons, das ich vor dem Sitzen gegessen habe?
6. Was *denke* ich jetzt? Wie lange ich noch auf diese Weise sitzen muss?

Die Tätigkeit der Sinne zu registrieren ist eine wunderbare Zenübung, um die Konzentration auf das Hier und Jetzt zu lenken. Voll im jeweiligen Augenblick zu leben – das ist Zen.

Wir lernen, die Fülle des Lebens zu erfahren, wirklich zu leben, denn Leben geschieht *jetzt!* Sinnestätigkeit erfahren wir im Augenblick. Wir können nicht jetzt das Bellen unseres Hundes vor einem Jahr hören, die Suppe vom kommenden Sonntag schmecken, riechen, wie übermorgen die Luft sein wird, die Sonnenstrahlen des kommenden Urlaubs fühlen oder das morgige Fußballspiel anschauen.

Die Aktivität der Sinne voll bewusst zu erleben – das ist aktives Leben im Hier und Jetzt!

Von Gedanken-Augenblick
zu Gedanken-Augenblick –
Keine Form!
Von Gedanken-Augenblick
zu Gedanken-Augenblick –
Keine Tätigkeit! –
Das ist Buddha-Sein!
HUANG-PO

DRITTER TEIL

Der Schlüssel des Zen – Zen im Alltag

Am Anfang war die Tat

Zen entfaltet sich im alltäglichen Tun.
Daher ist Achtsamkeit auf jegliche körperliche Bewegung
und das, was wir Arbeit nennen,
im Rhythmus des Atems der Schlüssel zum Zen.

Im alten China lebte im neunten Jahrhundert Meister Chü-chih (jap. Gutei). Über ihn wird die folgende Geschichte erzählt:

Was auch immer Meister Chü-chih über Zen gefragt wurde, als Antwort streckte er immer einen Finger hoch. Einst wurde sein junger Diener von einem Besucher gefragt: »Worin besteht die Lehre deines Meisters?« Als Antwort hob der ebenfalls einen Finger hoch. Als Chü-chih davon hörte, schnitt er dem Jungen mit einem Messer den Finger ab. Schreiend vor Schmerz lief der Junge davon. Chü-chih rief ihn bei seinem Namen. Als der Junge sich umdrehte, streckte Chü-chih einen Finger hoch. Da wurde der Junge plötzlich erleuchtet. Als Chü-chih im Sterben lag, sagte er zu den versammelten Mönchen: »Ich habe dieses Ein-Finger-Zen von T'ien-lung empfangen. Mein ganzes Leben lang habe ich es benutzt, aber nicht ausgeschöpft.« Nach diesen Worten hob er seinen Finger und starb.

In dieser Geschichte wird ein ganz anderer spiritueller Weg gezeigt, als die meisten Menschen ihn kennen: eine spirituelle Erfahrung durch die

»reine« Tat – eine Tat ohne »Nebengedanken« und »Nebengefühle« –, aus der sich Tatkraft und Freiheit (Erlösung aus Fesseln) erschließen.

Bekannt sind Ihnen sicher viele spirituelle Wege, die sich vermitteln:
- durch Lebenserfahrungen wie seelisches und körperliches Leiden (Krankheit und Tod);
- durch Glauben, Ergebenheit und Dienen;
- durch emotionale Erfahrungen wie Liebe, Leid und Mitgefühl;
- durch kultische, gemeinschaftliche Rituale;
- durch heilige Schriften, Bücherstudium;
- durch Dogmen, Kirchenlehren, patriarchalische Gesetze und Hierarchien.

Chü-chihs Lehre ist Zen, das durch eine reine, klare und einfache Tat, durch das Zeigen eines Fingers, einen ganz anderen spirituellen Weg lehrt! Eine Tat ist Aktivität, ist das Leben ohne Kompromisse!

Spukt nicht gleich in unserem Kopf der Satz Goethes herum: »Am Anfang war die Tat«? Zeigt sich im Zen eines Chü-chihs vielleicht eine Lösung für die Zwiespältigkeit des Menschen?

Einerseits wollen wir praktisch, aktiv, mathematisch, physikalisch das Leben erforschen, erkennen und meistern, andererseits ist in uns die Sehnsucht, die Tiefe, die Ruhe, die Quelle, den Ursprung allen Seins zu ergründen.

Das Zenwort

»Am Anfang war die Tat!« »Am Anfang war das Wort.«

Das Wort, ein Laut, eine Tat? Chü-chihs Finger ist das Zenwort! Es gibt tatsächlich eine spirituelle Übungsform, die eine solche Tat – das Heben eines Fingers – in den Mittelpunkt der Übung stellt. Klarer und schlichter kann ein spiritueller Weg nicht ausgedrückt werden: Das Aufgehen in der Tat lässt uns in die Fülle des Seins sinken. Leben ist Aktivität. Das Leben selbst ist der Zenweg, ist spirituelle Handlung. Durch die Tat des Augenblicks können wir uns, noch mit all unseren alltäglichen Fesseln, auf den Weg in die Freiheit machen.

Diesen Weg des Fingerzeigens kann jeder üben, ob Kind oder alter Mensch, Frau oder Mann, Moslem oder Christ. Nirgendwo kommt im

Zen klarer zum Ausdruck als durch Chü-chihs »Ein-Finger-Zen«, dass die Tat, die Form in der Beschränkung auf das Wesentliche, der Zenweg ist. Viele Kunstformen (Ikebana, Kalligraphie, Tuschepinseln, Rakutöpfern etc.) und Sportarten (Judo, Karate, T'ai-chi, Taekwondo, Qi-gong, Bogenschießen usw.) sind aus diesem Zen entstanden und zeigen, dass die größte Kraft in der Konzentration auf die einfache Tat in diesem Augenblick liegt.

Die Tat im Hier und Jetzt

Diese Suche nach der Tat des »Einen-Fingers« ist kein Träumen im Wolkenkuckucksheim. Nein, sie verlangt von uns die Konzentration auf den Augenblick, die Disziplin des Durchhaltens, die Aktivität, den Atem zu beobachten, die Spontaneität, direkt und prägnant auf den Augenblick zu reagieren, die Flexibilität und die Kreativität, jeden Augenblick in seiner Einmaligkeit zu erkennen und zu leben. Außerdem ist das Wagnis gefordert, neue Wege zu denken, zu erkennen und selbstverantwortlich zu gehen. Hasenfüße bleiben auf der Strecke. Hier wird das wahre Leben geübt – ein aktives Leben.

Im Zen geht es nicht um Jammern und Wehklagen über die Schlechtigkeit der Welt, sondern um die Erkenntnis, was ich hier und jetzt tun kann, dort, wo ich stehe. Was ist hier die Aufgabe, die vor meinen Füßen liegt, mein nächster Schritt, meine nächste Tat, mein nächster Atemzug. Das Zeigen eines Fingers, wie Chü-chih es tat, das Heben einer Schale, der freundliche Blick zu einer alten Frau in der Straßenbahn, die Tasse Kaffee für einen Kollegen im Büro und der Einkauf für einen kranken Nachbarn – das ist der Zenweg.

Dies zu sehen und mit unserem ganzen Wesen zu verwirklichen, lehrt uns Chü-chih. Eine ganz bewusst vollzogene Tat, als Handschlag, als Kämmen unserer Haare, als Gehen des nächsten Schrittes, als Stehen an der Kasse im Supermarkt, als Sitzen im Warteraum der Ärztin, als Liegen im Bett, ohne zu schlafen, ist eine spirituelle Handlung im täglichen Leben. Jedes Wort eine Tat, jede Bewegung eine Tat, jeder Blick eine Tat, jede Berührung eine Tat, jede Tat eine spirituelle Handlung, die – in voller Achtsamkeit ausgeführt – zum Ursprung unseres Wesens führt.

Jede Tat ist Ausdruck des Schöpfungsaktes unseres Wesens, denn hierdurch wird »die Fülle des Seins voll und ganz und einmalig durch unser persönliches Wesen ausgedrückt«. (Edith Stein) Und da die Fülle des Seins sich nicht erschöpft in der Form der Kausalität und sich immer wieder neu auszudrücken vermag, konnte Chü-chih wie er am Ende seines Lebens feststellte, das Zen des »Einen-Fingers« nicht voll ausschöpfen.

Ein Leben lang

Wir sollten nicht meinen, im Zen jemals den Gipfel erklimmen und dann unangefochten oben bleiben zu können. Wie das Leben uns in beruflichen, körperlichen, geistigen, seelischen, gesundheitlichen Zusammenhängen und in mitmenschlichen Beziehungen lehrt, so gilt auch im Zen, dass wir immer in Übung bleiben müssen. Wer sich beruflich nicht weiterbildet, gerät schnell aufs Abstellgleis. Wer seinen Körper nicht bewegt, wird seine Kraft verlieren; wer sich nicht immer wieder voll und ganz in eine Beziehung einbringt, wird sie zerstören; und wer nicht ein Leben lang im Zen die Achtsamkeit in der Tat übt, wird vom Gipfel stürzen und alle Energie verlieren.

Das Ende einer Tat

Chü-chih zeigt auch, dass wir das Ende einer Tat vollziehen müssen, um von neuem unseren Finger hochstrecken zu können. Es ist also sehr wichtig, das Ende eines Weges zu erkennen, loszulassen und uns von der alten Tat zu verabschieden, um neue Ausdrucksformen in unserem Leben zu denken und zu wagen.

Wir müssen den jeweils neuen Augenblick immer wieder voll und ganz in seiner Aktualität erfahren und gestalten wollen. Dabei kommt es nicht auf unser Alter an und auf unseren Status, den wir erreicht haben und festhalten möchten. Neue Wege gehen, immer weiter lernen, weiter üben und nicht in ausgetretenen Pfaden verharren, ist Chü-chihs Botschaft, denn einmal eine Qualifikation erreicht zu haben und sich darauf auszuruhen hat nichts mit dem Zenweg zu tun. Nicht das Haben, sondern das Sein in diesem Augenblick ist Chü-chihs Zenlehre. Wir müssen also immer wieder spüren, wenn eine Tat zu Ende ist, und sie dann loslassen, um das Leben neu zu gestalten. Der Rückzug in die Stille der täglichen Meditation im Sitzen (*Zazen*) hat sich hier als wunderbare Möglichkeit bewährt, im absichtslosen Beobachten unseres Atems die Offenbarung der Schöpfungskraft zu spüren und in einen neuen Weg, eine neue Tat umzusetzen. So wie wir einatmen (Aktivität) – ausatmen (Loslassen) – die zwischenzeitliche Ruhepause (Leere) erleben, ehe sich das nächste Einatmen vollzieht.

Spiel des Lebens

Zen heißt, neue Ausdrucksformen unseres Wesens Tag für Tag zu erkennen und zu akzeptieren, sich Augenblick für Augenblick darauf einzulassen, alles Festgehaltene, alles einmal Gestaltete wieder vollkommen loszulassen und sich davon zu verabschieden, um Raum für das Neue zu schaffen. Wenn wir den Atem anhalten oder nur halb ausatmen, wo bleibt da genügend Raum für den nächsten Atemzug? Er kann nur teilweise erfolgen. So staut sich mit der Zeit verbrauchter Odem des Lebens in uns, und irgendwann sind wir nicht mehr leer und frei genug, um das Leben voll zu leben und immer wieder neu zu gestalten. Es bleibt zu wenig Raum. Dann suchen wir nach der verlorenen Freiheit!

Wie oft haben wir schon erlebt, dass wir hartnäckig dem Ideal von einem liebenswürdigen und verständnisvollen Menschen entsprechen und gerecht werden wollen. Wir sind liebenswürdig und verständnisvoll, verständnisvoll und liebenswürdig, bis kein Platz mehr in uns ist für etwas anderes. Und auf einmal »platzen« wir, und die ganze Liebenswürdigkeit hat sich in einen einzigen Wutausbruch verwandelt. In uns war kein Platz mehr für neue Gefühle. Auch Liebenswürdigkeit und Toleranz müssen wir nicht üben, wenn es nicht angebracht ist und unserem inneren Gefühl nicht entspricht. Jedes Gefühl, ganz gleich welcher Art es ist, müssen wir, wie jeden Atemzug, in uns entstehen lassen, uns damit ausfüllen und es wieder gehen lassen. Nur so bleiben wir frei und ungebunden für den nächsten Augenblick!

Chü-chih lehrt uns, das Spiel des »Ein-Finger-Zen« zu üben: Heben und Senken und wieder neu heben, das Spiel des Lebens durch den einen Finger spüren, die Leichtigkeit des Seins in seinem Kommen, Gehen und Ruhen und wieder Kommen, Gehen und Ruhen spüren.

Jedes Heben des Fingers ist neu und einmalig, und das erschöpfte sich in Chü-chihs ganzem Leben nicht. So geben wir immer wieder die gleichen Buchstaben in den Computer ein, die zu immer wieder neuen Worten und Sinninhalten werden. Minute für Minute, Tag für Tag sitzen wir am gleichen Schreibtisch, arbeiten am gleichen Computer, ob wir nun gute oder schlechte Laune haben, ob wir nun Chefin oder Angestellter sind.

Welche Kreativität ist in der einen Tat aufgezeigt! Welche unendliche Vielfalt zeigt hier das Zen in einer solch einfachen Handlung. Stellen Sie sich vor, Sie haben im Beruf ein Problem zu lösen. Schauen Sie dann Ihren Finger an. Wie viele Möglichkeiten gibt es, einen Finger zu heben, wie viele emotionale Ausdrucksformen kommen dazu? Solch eine einfache Tat birgt so viele Gestaltungswege – wie viele mehr müssen es dann bei dem komplexen Problem sein, das vor Ihnen liegt? Finden Sie sie heraus, und entscheiden Sie sich für einen dieser Wege. Folgen Sie ihm dann voll und ganz mit aller Energie und Achtsamkeit, die Ihnen zur Verfügung stehen, führen Sie Ihre Tat zu Ende, und lassen Sie sie dann ganz los, um frei zu werden und in Ihrem Geist Platz zu schaffen für neue Ideen.

Eigene Kreativität

Und noch eines lehrt uns Chü-chih: Eigene Wege zu gehen, die eigene Kreativität zu benutzen, eigene Gestaltungsformen zu suchen und zu verwirklichen, sonst schneidet er uns den Finger ab, wie er es bei seinem Schüler tat, der ihn nachahmen wollte.

Mit dem Ruf Chü-chihs nach dem Namen, der Individualität, des Jungen, warf er diesen auf sich selbst, auf sein eigenes Ich zurück. Niemand anderes kann für uns unser Leben gestalten oder es uns vormachen, vorsagen, vordenken. Unsere persönliche Ausdrucksform des Seins müssen wir schon selbst finden.

Dabei kann ein »Fehler« – das Versagen durch Nachahmen, wie bei Chü-chihs Schüler – durchaus (wie tröstlich) auf den rechten Weg, zur richtigen Erkenntnis, zur Freilegung der eigenen Kreativität führen. Zen kennt keinen geraden Weg zu irgendeinem Ziel.

Der Finger ist weg! Für das ganze Leben! Wir müssen die volle Verantwortung und die Folgen für unsere Taten selbst tragen. Wir können unser Verhalten nicht auf Vater und Mutter abwälzen. Im Zen heißt es, dass wir nun mal »geboren sind vor den Eltern«. (Dogen Zenji)

Es geht darum, unsere Lebensaufgabe täglich neu aktiv zu gestalten. Wir können uns nicht auf der Tat von gestern ausruhen, genauso wenig wie in den Träumereien von der Zukunft. Taten vollziehen sich im Hier und Jetzt! Wenn wir leer und frei von grüblerischen Gedanken sind, können wir voll und ganz im Augenblick leben und sind fähig, unsere Aktivität durch Spontaneität zum Ausdruck zu bringen.

Die kleinste Tat, die größte Wirkung

Nicht die Bitte um Frieden, Liebe und Mitgefühl ist der Zenweg, sondern Frieden, Liebe und Mitgefühl in eigener Tat selbst zu praktizieren.

Chü-chih hebt den Finger – er tut es! Atmen – gehen – stehen – sitzen – liegen! Das ist Zen im Alltag. Das ist die Spiritualität, die das Leben schreibt, nicht für Auserwählte und Heilige, sondern für Sie und mich und für jede und jeden! Es geht nicht darum, von anderen ein geheiligtes Leben zu erbitten, sondern es selbst in die Tat umzusetzen.

Wer ist es denn, der da wen bittet, etwas zu tun? Wer ist es, der den Finger bewegt? Chü-chih hebt den Finger, und die ganze Welt bewegt sich, das ganze Universum springt aus den Angeln, platzt vor Energie, der Kosmos entsteht, bewegt sich und legt sich zur Ruh, um wieder im neuen Schöpfungsakt zu explodieren.

Die kleinste Tat, die größte Wirkung. Zen fragt nicht nach großen Taten (die wir doch nur in Träumereien durchführen können). Das Leben setzt sich aus Augenblicken zusammen, die gelebt werden müssen, es manifestiert sich mit gleicher Intensität in großen wie in kleinen Ereignissen.

Bewegt sich das winzigste Teilchen im Mikrochip nicht, steht alles still. Verändert der Genbiologe das allerkleinste Teil in der DNS – welche Wirkung! Was nutzt die moderne, teuere Konstruktion der Erasmusbrücke in Rotterdam, wenn Regentropfen sie zum Schwanken bringen?

Die Verantwortung im Zen liegt in der völligen Hingabe an die Tat – darin, mit ganzer Achtsamkeit die kleinste Bewegung zu vollbringen. Denn die Erkenntnis, dass das kleinste Rädchen, die kleinste Tat, die Bewegung eines Fingers die Welt aus den Angeln heben, ist eine überaus wichtige Erkenntnis.

Chü-chihs Finger manifestiert sich überall dort, wo wir unseren Alltag in Achtsamkeit gestalten.

Putzen wir uns die Zähne, Bürstenstrich für Bürstenstrich, kehren wir die Treppe, Besenstrich für Besenstrich – das ist Zen im Alltag. So zeigt sich die unerhörte Leichtigkeit im immerwährenden Spiel des Seins.

Am Anfang war die Tat, die Form, die Leere, Chü-chih hebt den Finger. Das ist alles. Das ist Zen.

Wegen des Fingers
kannst du auf den Mond zeigen.
Wegen des Mondes
kannst du den Finger verstehen.
Mond und Finger sind weder verschieden,
noch sind sie gleich.
Dieses Bild wird nur gebraucht,
um Schüler zur Erleuchtung zu führen.
Wenn du einmal wirklich
die Dinge siehst, wie sie sind,
dann ist da kein Mond mehr
und kein Finger.
Ryokan

MeisterIn, bist du wach?

Im neunten Jahrhundert lebte in China der Zenmeister Jui-yen Shih-yen. Jeden Morgen pflegte er sich selbst zuzurufen: »Meister!« Darauf antwortete er sich selbst: »Ja!« Danach fragte er sich laut und deutlich: »Bist du wach?« Dann pflegte er sich zu antworten: »Ja!« Und er gab sich selbst den allmorgendlichen Rat: »Dann lass dich heute zu keiner Zeit von nichts und niemandem irreführen.« Daraufhin gab er sich das Versprechen: »Nein, Meister!« Seine Schüler erzählten, dass er sich noch mit neunzig Jahren jeden Morgen so wach rief.

Seid Bach

Meister Jui-yen fragte sich also sein ganzes Leben, Morgen für Morgen: »Meister, bist du wach?« Der Ruf »Bist du wach?« ist in der einen oder anderen Form in vielen Religionen bekannt. So wurde der Jude Samuel drei Mal in der Nacht mit seinem Namen gerufen und lief zu seinem Lehrer. In einem Psalm heißt es: »Wachet auf!« Und der japanische Zenmeister Tetsuo Nagaya Kiichi, der noch im hohen Alter nach Deutschland kam – dorthin, wo er einst studiert hatte –, rief seinen Schülerinnen und Schülern immer wieder zur: »Seid Bach!«

»Seid Bach!«, so schallte es dann laut in das stille Zendo hinein. »Seid Bach???«, fragten sich die Schüler. Was sollte das bedeuten? Das hatten sie noch nie als Ansporn gehört. Seid Bach!? Sollten sie musikalische Genies wie der Komponist Bach werden? Sollten sie vielleicht Orgel spielen? Schön, aber wieso?

Seid Bach? Sollten sie vielleicht fließen wie ein Bach? Ein Bach ist natürlich ein schönes Bild. Ja, das könnte es sein. Mit den Ereignissen des Lebensflusses einfach mitschwimmen. Oft sprechen die Zenmeister ja von einem Fluss und vom anderen Ufer, das es zu erreichen gelte. Aber ein Bach zu werden klingt besser. Ein Bach ist feiner und leichter. Ein Bach hat nicht solche tiefen, gefährlichen Unterströme wie ein Fluss. Ein Bach flüstert. Ein Bach brüllt dich nicht an. Seid Bach!

Ja, loslassen sollten wir. Ein Bach spült alles, was sich gelöst hat, mit sich fort. Nicht mit Gewalt, sondern feinsinnig und subtil, wie es einem Bach entspricht. Erst wenn wir »leicht« geworden sind, kann der Bach auch uns mitnehmen. Wenn wir so »leicht« geworden sind, dann sind wir selbst Bach geworden und »durchqueren fließend diese Welt«. Wir werden »leicht«, wenn wir nicht mehr »schwer« von unseren Ideen und Vorurteilen sind. Also sollten wir wohl unsere Ideen, Vorurteile, Erwartungen und Wünsche loslassen.

Seid »Bach«? Die deutsche Aussprache des japanischen Meisters Tetsuo Nagaya hatte so ihre Tücken! Sein »B« war eigentlich ein »W«! Seid wach!

Seid wach

Der Bach muss wach werden! Im Zen geht es immer wieder um das Wachwerden. Bei Meister Jui-yen geht es um das morgendliche Wachwerden.

Die Phase zwischen Schlaf oder Traum einerseits und Wachsein andererseits ist ein ganz besonderer Zustand. In dieser Phase liegt nämlich das Nachtbewusstsein der Schlafzeit noch offen, während das Tagbewusstsein langsam erwacht. Man kann es sich so vorstellen, dass es ein Tor gibt zwischen der unbeeinflussbaren Traumwelt und dem beeinflussbaren Tagbewusstsein. Morgens während des Wachwerdens schließt sich dieses Tor an der Seite des Nachtbewusstsein langsam, und es öffnet sich an der Seite des Tagbewusstseins. Das Tagbewusstsein ist das Bewusstsein, das sich am Tag der Kontrolle des Denkens und des Handelns unterwirft, wohingegen das Unbewusste der Traumwelt sich nicht lenken läßt vom Denken und Handeln. Abends, wenn wir uns zum Schlafen legen, schließt und öffnet sich das Tor genau in die andere Richtung. Dann öffnet es sich zur Traumwelt, zum Unbewussten hin, während es sich zum bewussten Denken und Handeln hin langsam schließt. Dieser morgendliche oder abendliche Prozess ist der natürliche Zeitpunkt, die natürliche Phase der Meditation. Gerade zu diesem Zeitpunkt können wir bewusst das Unbewusste wahrnehmen. Also, seien wir wach an diesem Tor!

Meister Jui-yen ruft jeden Morgen diese beiden Seiten seines Wesens wach. Und er fügt hinzu: »Dann lass dich heute zu keiner Zeit von nichts und niemandem irreführen!« Lass dich von keiner dieser beiden Seiten irreführen, weder vom Tag noch von der Nacht, weder vom Licht noch von der Dunkelheit, weder von deinen Träumereien noch von deinem Verstand.

Die alten Märchen und Mythen oder die archetypischen Bilder des C.G. Jung zeigen immer wieder, dass zwei Seiten in uns ruhen, die als Eine Form erkannt werden müssen. Erkennen, leben und akzeptieren wir beide Seiten, dann sind wir MeisterIn unseres Lebens.

Das bedeutet auch, uns bewusst zu sein, dass wir jetzt im Tagbewusstsein leben, und im Tagbewusstsein fahren wir mit dem Floß auf dem Bach des Unbewussten. Aber wir müssen aufpassen! Wir müssen am Tage, an jedem Tag und in jedem Augenblick hell und wach sein, damit wir nicht kentern und in den Bach unserer Träumereien fallen.

Jeden Morgen ruft Jui-yen es sich selbst zu. Er lässt keinen Tag aus. Er sagt nie: Heute ist es nicht notwendig. Er sagt nie: Ich weiß es jetzt – ich brauche diese Übung nicht mehr. Ich bin jetzt neunzig Jahre alt. Ich werde nicht mehr getäuscht. Er weiß: Die Übung muss jeden Tag von neuem begonnen werden.

Welche Täuschungen sind es aber, die dafür sorgen, dass wir keine Meisterin unseres Lebens sind? Es sind die Autoritäten, die wir in und um uns herum aufgebaut haben. Es sind die Gewohnheiten, die so genannten Bequemlichkeiten, die Bilder, die wir von uns selbst haben, die Zwänge unserer Umgebung und das Untertanen-, das »Lehrlings«verhalten in unserem privaten und beruflichen Bereich. Die Zenübung verlangt von uns, unser eigener Meister zu sein und uns nicht irreführen zu lassen; eigene Entscheidungen zu treffen; zu tun, was wir für richtig halten; Verantwortung zu übernehmen und unserer Lebensaufgabe gemäß zu leben in gelassener Heiterkeit.

Der Zenweg beginnt also mit dem Wachwerden. Wie aber beginnen wir? Verabschieden wir uns langsam und bewusst von der Nacht und begeben uns in den Tag, oder gehören wir zu den Menschen, die es gewohnt sind, im letzten Moment wie ein Stehaufmännchen aus dem Bett zu springen, in Rekordzeit Morgentoilette zu machen, im Stehen schnell eine Tasse Kaffee runterzukippen, mit einem Brötchen in der Hand raus aus der Tür, rein ins Auto und in den Stau des morgendlichen Berufsverkehrs, oder die Straße entlangzuhetzen, um noch gerade die Straßenbahn zu erwischen? Ist letzteres der Fall, so empfehlen wir unsere morgendliche Zenübung!

Zen im Bett

Natürlich können wir nicht den ganzen Tag im morgendlichen »Zwischen-den-Zeiten«, zwischen Nacht- und Tagbewusstsein verweilen. Deswegen müssen wir das Tor zur Seite des Nachtbewusstseins hin langsam und bewusst hinter uns schließen, damit keine Träumereien in unser Tagbewusstsein hineinschleichen können – damit wir wirklich wach sind und den Tag in vollem Bewusstsein erleben können.

Beginnen wir gleich im Bett mit der Zenübung. Legen wir uns auf den

Rücken, strecken wir die Beine aus, die Fersen ein wenig auseinander, schieben wir das Kopfkissen zur Seite, und legen wir dann die Hände auf unserer Bauchmitte. Die Augen öffnen wir halb, damit wir den neuen Tag bereits vorsichtig in uns aufnehmen können. Jetzt beobachten wir, wie es in uns atmet, wie unser Bauch sich wölbt beim Einatmen und sich wieder senkt beim Ausatmen. Beobachten wir den Atem auf diese Weise einige Minuten, bis wir bereit sind, bewusst aufzustehen. Tun wir dies wie eine Katze: Räkeln wir uns erst einmal. Winkeln wir dann die Knie an, drehen wir uns auf die Seite, heben wir die Füße aus dem Bett und stellen sie auf den Boden. Dann richten wir langsam – vielleicht mit Hilfe einer Hand, die auf das Bett gestützt wird – den Oberkörper auf und setzen uns gerade und bewusst auf die Bettkante und atmen drei Mal ein und aus. Nun erheben wir uns und stehen mit beiden Beinen fest auf dem Boden. Wir können nun drei tiefe und drei einfache Verbeugungen machen, um so den Kreislauf anzuregen.

Wenn wir morgens meditieren, setzen wir uns dazu jetzt auf unser Kissen. Danach gehen wir ins Bad und versuchen Zen beim Duschen zu üben.

Duschen

In den meisten Religionen sind Körperwaschungen ritualisiert worden, sind sie spirituelle Handlungen. Die Reinigung des Körpers birgt die Reinigung, Heilung und Heiligung des Geistes in sich. Die Inder baden im heiligen Fluss Ganges. Johannes, der Täufer, taufte am Jordan, und die Menschen stiegen dazu in den Fluss. Jesus wusch seinen Jüngern vor dem letzten Abendmal die Füße.

Bewusste, achtsame Reinigung des Körpers reinigt und heilt Körper und Geist und weckt neue Lebenskräfte. Bedenken wir dies, wenn wir am Morgen unter die Dusche steigen.

Gehen wir bewusst in die Duschkabine. Spüren wir, wie das Wasser über unseren Körper läuft. Massieren wir bewusst unsere Kopfhaut beim Haarewaschen, fühlen wir die Fingerkuppen auf unserem Kopf und die Haare in unseren Händen. Wir spüren das herrlich warme Wasser den Rücken hinunterlaufen, Tropfen für Tropfen. Lassen wir dabei alles los, was sich in unserem Kopf an Gedanken und Gefühlen festgesetzt hat. Atmen wir bewusst ein und aus! Spüren wir, wie mit dem Wasser alles an unserem Körper abfließt. Spüren wir die Verspannungen in den Schultern, im Rücken, wie die wohlige Wärme des Wassers sie aufzuweichen beginnt und wie sich unsere Muskeln entspannen. Zum Schluss lassen wir einen Strahl kaltes Wasser über unseren Rücken laufen, damit unser Körper auch die andere Seite, die kalte Erfrischung des Wassers erfährt. Lassen wir unseren Geist einen leichten Schrei von sich geben. Das ist das Leben in seiner Dualität. Beide Seiten sind da, müssen täglich erlebt werden, denn nur in der Akzeptanz von warm *und* kalt, angenehm *und* unangenehm, Yin *und* Yang sind die Einheit, das Leben, die Lebensfreude und Gesundheit erfahrbar. Nun steigen wir wach aus der Dusche. Wir trocknen unseren Körper achtsam und sehr bewusst ab. Dann pflegen wir ihn vielleicht mit einer Lotion. Spüren wir die Haut, wie sie weich und zart wird und uns für jede Streicheleinheit dankbar ist. Wir schauen in den Spiegel. Sehen unser Gesicht, berühren es sanft mit den Händen, unsere Augen, unsere Nase, unseren Mund, unsere Ohren, unsere Stirn, unsere Wangen und unseren Hals. Cremen wir all diese Partien aufmerksam ein; auch das Schminken gelingt besser, wenn wir es in Achtsamkeit tun. Auch Lippenschminken kann Zen sein. Dann sehen wir uns in die Augen und rufen uns zu: »MeisterIn! Bist du wach?« »Ja MeisterIn!« Dann: »Lass dich heute zu keiner Zeit von nichts und niemandem irreführen!« »Nein, MeisterIn!«

Frühstück

Ein in Ruhe genossenes Frühstück ist ein guter Start in den Tag. Wann immer es uns möglich ist, sollten wir uns Zeit nehmen für ein gemeinsames Frühstück mit unserer Familie, beziehungsweise den Menschen, mit denen wir zusammenleben. Ein schön gedeckter Tisch (den wir abends schon vorbereitet haben können) ist eine wunderbare Einladung, das Frühstücken wirklich zu genießen.

Erfreuen wir uns am Frühstücksei, dem Duft des frischen Kaffees, dem Müsli oder den knusprigen Brötchen! Verschanzen wir uns nicht hinter unseren Zeitungen, sondern sprechen und lachen wir miteinander. Bringen wir fröhliche Erwartungen an den Tag und sorgenvolle Befürchtungen auf den Tisch. So stärken wir auch das Gemeinschaftsgefühl.

Da wir heutzutage aber oft nach ganz unterschiedlichen Tagesrhythmen leben, stellt vielfach leider das Wochenende die einzige Gelegenheit zu einem ausgiebigen Miteinander beim Frühstück dar. Diese Gelegenheit sollten wir nicht verpassen.

Auch wenn wir allein leben, ist es wichtig, diesem Teil des Tages unsere Aufmerksamkeit zu schenken und nicht schon hier, mit dem »Kaffee auf die Schnelle« eine Hetzerei zu beginnen, die wir dann bis zum Zubettgehen fortführen. Ob wir am Mittag und am Nachmittag gelassen, heiter und wach sind, hängt nicht zuletzt davon ab, wie wir den Tag begonnen haben.

Früh genug aufzustehen, um in Ruhe den Tag zu beginnen, ist ein Aspekt jener Disziplin, Lernbereitschaft und Konzentration, die uns befähigen, Meisterinnen unseres Faches zu sein, so zum Beispiel Schreinermeisterin. Dies setzt voraus, sich in den einfachsten Handgriffen bis zu den schwierigsten Tätigkeiten so lange geübt zu haben, dass selbst der winzigste Nagel mit voller Konzentration sicher ins Holz geschlagen wird. Die Schreinermeisterin kennt alle Hölzer und deren Eigenschaften und weiß sie entsprechend zu bearbeiten und zu verarbeiten. Sie kennt die Formen, Farben, Klänge und Gerüche des Holzes, ist die Autorität, die den artgerechten Umgang mit Holz versteht. Sie hat es mit Disziplin und Ausdauer zur Meisterin ihres Faches gebracht, und auf ihrem Gebiet kann ihr niemand etwas vormachen. Mit Leichtigkeit schwingt sie in harmonischem Rhythmus den Hammer, und der Nagel sitzt.

Aber – auch eine Schreinermeisterin muss jeden Augenblick konzentriert und achtsam sein, sonst ist der Daumen blau.
Meisterin, sei wach, und lasse dich nicht irreführen!

So treten wir aus der Haustür und schreiten zu unserem Arbeitsplatz als Meisterin, die sich nicht irreführen läßt, obwohl sie um all ihre Unvollkommenheit, ihre Probleme und Unsicherheiten, ihre Ängste und Unwissenheit weiß:

Hemd zu lang,
Hose zu kurz.
Mir selbst zulächelnd,
versuche ich, geradeaus zu gehen.
RYOKAN

Zengeist ist Anfängergeist

Anfängergeist auf dem Weg zur Arbeit

Der japanische Zenmeister Shunryu Suzuki prägte den inzwischen viel zitierten Ausspruch vom »Zengeist als Anfängergeist«.

Möchten wir also den Zenweg gehen, müssen wir uns stets den Geist eines Anfängers bewahren. Wir werden auf diesem Weg nie einen Schritt weiterkommen, sondern immer wieder erfahren, dass alle Dinge und Ereignisse von Augenblick zu Augenblick neu sind. Nichts bleibt auch nur einen Moment, wie es war. Alles ist in ständiger Veränderung begriffen, im Aufbau und Abbau, im Zunehmen und Abnehmen, im Ausdehnen und Zusammenziehen, in Bewegung und Ruhe.

Was gestern war, ist heute nicht mehr so, und was heute ist, wird morgen ganz anders sein.

Um dies wirklich zu erfahren, müssen wir immer wieder die Welt mit »ganz neuen Augen« betrachten.

Zengeist ist Anfängergeist. Lassen wir uns nicht irreführen – jeder Augenblick ist ein neuer Anfang, und der alte ist endgültig vorbei.

Zengeist ist Anfängergeist. Wenn wir in diesem Geist morgens aus dem Haus gehen und unsere Augen aufmachen, unsere Ohren spitzen, unsere Nase öffnen und unsere Haut aktivieren, werden unsere Gedanken registrieren, dass Schritt für Schritt eine neue Welt in unserer so vertrauten Umgebung entsteht.

Bleiben wir jeden Morgen einen Atemzug lang vor unserem Haus stehen, nachdem wir die Tür hinter uns zugezogen haben. Die Luft ist frisch und feucht. Ein Hund läuft über die Straße, der Nachbar öffnet sein Fenster, und ein blaues Auto rauscht vorbei. Diese Szenerie gab es genau so noch an keinem Morgen zuvor. Dann gehen wir los und schauen uns die Menschen an, die uns entgegenkommen. Achten wir auf die Farben ihrer Kleidung. Ist es Sommer, werden sie bunt und kräftig sein. Bei winterlichem oder regnerischem Wetter werden sie eine unendliche Farbpalette von grau, schwarz und braun zeigen, und nur manchmal werden wir ein Kind mit knalligem, bunt leuchtendem Anorak und Schulranzen sehen.

Hören wir die hastenden Schritte und das ununterbrochene Summen der Autos: die Melodie der Straße. Im Bus riechen wir Parfüm, Haarwasser, Duschgel. Umfassen wir ganz bewusst den Haltegriff, spüren wir das Metall in unseren Händen. Wie viele Stationen müssen wir fahren? Wir haben Zeit. Stellen wir uns fest auf den Boden, lockern wir unseren Körper, und beobachten wir unsere Atmung: Meditation im Bus.

Vermutlich fühlen wir uns wohler, wenn wir einem Sitzplatz ergattern konnten. Dann setzen wir uns aufrecht hin, etwas nach vorn auf dem Sitz, beide Füße fest auf dem Boden. Legen wir unsere Hände locker in den Schoß, atmen wir bewusst ein und aus, und belassen wir unsere Aufmerksamkeit dann beim Atem. Wir sitzen im Bus und sind noch nicht im Büro; unsere Gedanken müssen es also auch noch nicht sein. Vergessen wir nicht auszusteigen!

Wenn wir aussteigen und zu unserer Arbeitsstätte eilen, haben wir vielleicht nicht mehr viel Zeit. Verpassen wir aber deswegen nicht diesen Augenblick, gehen wir schnell, aber konzentriert, spüren wir die Atem- und Körperbewegung, und bleiben wir ganz in unserer Mitte. Gehmeditation kann auch schnell sein: sieben Schritte während einer Einatmung, sieben Schritte während einer Ausatmung.

Anfängergeist im Büro

Jetzt stehen wir vor dem Bürogebäude. Halten wir einen Moment inne. Atmen wir drei Mal durch. Schauen wir uns das Gebäude an, und erinnern wir uns des Tages, als wir zum ersten Mal vor diesem Haus standen und es betraten. Sieht es noch genauso aus wie damals? Schauen wir bewusst hin: die hohen Fenster, die große Türe und die Leuchtreklame. Gehen wir mit offenen Augen in das Gebäude hinein, spüren wir die Türklinke in unserer Hand, und nehmen wir den Geruch der Eingangshalle wahr. Hören wir die Schritte der Arbeitskollegen. Erkennen wir den Schritt, der hinter uns erklingt? Hören wir die Morgenmelodie all derer, die sich grüßen: Morgen – Morgen – Guten Morgen – Keine Zeit – Keine Zeit – Bin spät – Bin spät dran – Morgen – Guten Morgen – Guten Morgen …

Wie sieht unsere Arbeitskollegin heute aus? Zeichnen sich Sorgen, Angst oder Freude in ihrem Gesicht ab? Klingt ihre Stimme müde, traurig, ängstlich oder fröhlich, leicht und spielerisch? Welche Farben trägt sie, und ist ihr Gang langsam, geht sie mit hängenden Schultern oder locker und entspannt? Schauen wir genau hin, vielleicht sehen wir die

Kollegin mit ganz neuen Augen. Hat der Kollege eine neue Frisur? Schauen wir allen offen in die Augen, lassen wir uns Zeit, und wünschen wir einen schönen Tag, auch dem unbeliebten und verschlossenen Mitarbeiter. Ein freundlicher Blick, ein aufmunterndes Lächeln und ein frohes »Guten Morgen« können ein wenig Leichtigkeit in den Alltag und das Leben des anderen bringen. So können aus Arbeitskollegen schließlich Freunde werden, auch wenn wir sie anfänglich gar nicht mochten. Wenn zum Beispiel eine Kollegin einfach durchhält und die überheblich wirkende und von fast allen gemiedene Kollegin freundlich grüßt, wird deren verschlossenes, maskenhaftes Gesicht eines Tages auftauen, und ihre Lippen werden sich zu einem flüchtigen »Morgen« bewegen, auch wenn es drei Monate dauern mag. Nach und nach wird sich die Starrheit auflösen, jeden Morgen ein klein wenig mehr. Das Gesicht entspannt sich immer mehr, die verkrampfte Haltung lockert sich für Augenblicke. Eines Tages werden die beiden sich in der Kaffeepause treffen oder sogar am Feierabend gemeinsam etwas trinken gehen. Dabei wird die verschlossene Kollegin vielleicht von ihren Schwierigkeiten erzählen – davon, dass sie »gemobbt« wird, dass sie sich einsam fühlt, dass sie familiäre Sorgen hat oder Angst, den Arbeitsplatz zu verlieren. Vielleicht fühlt sie sich jetzt endlich akzeptiert und kann ihren Problemen ins Auge sehen. Vielleicht sind die Probleme begründet und so schwerwiegend, dass sie etwas in ihrem Umfeld ändern sollte. Auch das wäre »zengemäß«, denn im Zen muss man immer wieder den Mut zum Neuanfang haben und nicht um jeden Preis aushalten wollen, was nicht auszuhalten ist.

Zengeist ist Anfängergeist. Betreten wir unser Büro in diesem Geiste, schauen wir den Raum ganz genau an. Welche Möbel stehen da? Aus welchem Material sind sie? Welche Farbe haben die Wände? Welche Bilder hängen dort? Setzen wir uns bewusst und achtsam an unseren Schreibtisch, in aufrechter Haltung und mit beiden Füßen auf dem Boden. Entspannen wir die Augenlider, die Stirn, den Mund und den Nacken. Nehmen wir uns Zeit, und atmen wir einige Momente bewusst ein und aus. Wenden wir uns dann den Gegenständen auf unserem Schreibtisch zu. Registrieren wir sie einzeln und sehr bewusst. Welche Formen und Farben finden wir vor? Sind es beim Schreibmaterial unsere Lieblingsfarben? Begrüßen wir alle Dinge auf und um unseren Arbeitsplatz, begrüßen wir den ganzen Raum in Gedanken: die Stifte, das Papier, den Computer, die

Pflanze, das Regal, das Bild an der Wand und den Stuhl für den Besucher. Dies ist jetzt für die nächsten acht, neun Stunden unser Tempel, unser Gotteshaus, unsere Meditationshalle.

Welche Handbewegungen machen wir am Morgen zuerst, nachdem wir an unserem Schreibtisch Platz genommen haben? Versuchen wir, sie achtsam zu tun.

Viele von uns arbeiten tagtäglich am Computer, für viele ist er das wichtigste Gegenüber. Obwohl wir natürlich flink und schnell mit den Fingern über die Tasten gleiten und mit der einen Hand die Maus bedienen, können wir doch zur gleichen Zeit wahrnehmen, wie die Fingerkuppen über die einzelnen Tasten gleiten. Beobachten wir, fühlen wir und spüren wir immer wieder unsere Finger, unsere Hände. Atmen wir bewusst ein und aus. Atmen wir in unsere Körpermitte ein, und lassen wir den Atem durch unseren rechten Arm, durch die Hand und die Maus fließen, die wir in der Hand halten. Atmen wir ein, atmen wir aus und spüren wir die Bewegung aller Muskeln in unserem Arm und den Druck des Fingers, der die Maus bedient.

Berühren wir die Tasten so bewusst mit unseren Fingerkuppen, als würden wir im Wald Gehmeditation machen. Die Buchstaben sind Bäume: A ist ein Ahorn, B eine Buche und so weiter. So üben wir Fingergehmeditation, begegnen allen Bäumen im Wald und begrüßen sie.

Das geschriebene Wort beherrscht unsere Zeit. Lassen wir den Computer keine anonyme Maschine sein. Schreiben wir Briefe im Büro von Mensch zu Mensch mit Worten, die die Würde des anderen nicht verletzen und die unseren Respekt vor allen Lebewesen bezeugen. Wie schnell, mit nur einem Klick, ist eine E-mail versendet, die wir nicht mehr zurückholen können, wenn uns später auffällt, wie fehlerhaft, aggressiv und vielleicht herabsetzend wir sie formuliert haben.

Pflegen wir einen bewussten Umgang mit unseren Worten, so können wir Verständnis, Vertrauen, Versöhnung und Hilfe auf die Datenautobahn schicken. Unsere Gedanken, unsere Bilder, unsere Worte und unsere Gebärden werden so zum friedvollen Zusammenleben beitragen.

Auf diese Weise beginnt das Einswerden mit dem, was wir in unserem beruflichen Alltag tun. Beobachten wir immer wieder unseren Atem. Was tun unsere Hände jetzt? Bewegen sich unsere Lippen, unsere Arme, unsere Beine, unsere Füße, unser Körper. Rollen wir mit dem Stuhl durch den Raum, oder stehen wir ganz bewusst auf und gehen in Achtsamkeit an den Aktenschrank oder das Regal?

Wenn wir in ein anderes Büro gerufen werden, so machen wir aus diesem Gang eine Gehmeditation und begleiten in Gedanken unsere achtsamen Schritte. Dies wird uns erfrischen und sammeln. Unsere Hände spüren den Türgriff, wenn wir in voller Konzentration auf unser Tun die Tür des anderen Büros öffnen. Entspannen wir unser Gesicht, die Augen, die Stirn, den Mund, und grüßen wir nicht nur den Menschen, sondern in Gedanken den ganzen Raum.

Kehren wir dann zu unserer Mitte zurück, und stehen wir aufrecht und fest verwurzelt da. Beobachten wir, wie es in uns atmet. Seien wir dabei hellwach: Was geschieht, was sagt der andere, wie ist seine Haltung, wie antworten wir? Antworten wir kurz, sachlich, ruhig und in voller Konzentration auf das Thema. Dann handeln wir situationsgerecht, bringen unser Wesen voll und ganz zum Ausdruck.

Zurück an unserem Schreibtisch klingelt das Telefon. Halten wir einen Moment inne, und greifen wir nicht gleich zum Hörer! Wir können das Telefon ruhig drei Mal klingeln lassen, ehe wir den Hörer abnehmen. Atmen wir drei Mal ein und aus. Machen wir uns keine Vorstellung von dem Anrufer, obwohl wir vielleicht neugierig sind oder unter Zeitdruck stehen. Bleiben wir beim Atem. Dann erst nehmen wir den Hörer ab. Wer auch immer es sei, wir haben Zeit für ihn und werden ihm zuhören. Achten wir auf seine Stimme; klingt sie ruhig oder nervös, laut oder leise, schnell oder bedacht? Weil wir auf unseren Atem achten, sind wir innerlich ruhig und hellwach. Diese Ruhe kommt auf der anderen Seite an, und die Chance, dass es ein gutes, fruchtbares Gespräch wird, ist sehr groß.

Wir können ebenso verfahren, wenn es an unsere Bürotür klopft. Rufen wir nicht unbedacht: »Herein!«. Konzentrieren wir uns erst auf unseren Atem, und bitten dann herein. Wenn wir das Glück haben, in der Nähe einer alten Kirche zu arbeiten, werden wir jede halbe oder volle Stunde den Glockenschlag der Turmuhr hören. Wenn wir den Klang hören, so halten wir einen Moment inne, richten unsere Aufmerksamkeit auf unseren Atem, beobachten drei Mal unsere Ein- und Ausatmung und genießen die Pausen dazwischen.

Möglicherweise gibt es keine Kirchturmuhr in unserer Nähe. Vielleicht gibt es aber eine Wanduhr mit einem wunderschönen Klang in unserem Raum. Wir modernen Menschen tragen gewöhnlich immer eine Uhr. Viele davon können einen Signalton geben. Wenn unsere Uhr diese Möglichkeit hat, können wir sie so einstellen, dass sie uns zu jeder vollen Stunde daran erinnert, für einen Moment zu unserem Atem zurückzukehren.

Diese »Unterbrechung« hilft uns, zu mehr Ruhe in den alltäglichen Beschäftigungen zu kommen, so dass unser Leben weniger stressig und hektisch wird.

Wenn wir achtsam sind, leben wir voll im Augenblick, sind wir eins mit unserer Arbeit und werden dadurch mehr Freude und Zufriedenheit in unserer Tätigkeit empfinden. Und darauf kommt es an. Wir sind nicht mehr so sehr auf die Anerkennung der anderen angewiesen. Und trotzdem werden wir Anerkennung bekommen, da unsere Arbeit Kraft und Freude ausstrahlt. Unsere Kollegen werden gern mit uns zusammenarbeiten. Üben wir es gleich jetzt.

Der Weg ist das Ziel im Großstadtgewühl

Zen ist ein wunderbarer spiritueller Weg, denn wir müssen nie ein Ziel erreichen. Wir können den gegenwärtigen Augenblick, unser jetziges Leben voll genießen. Wir brauchen uns nicht zu kasteien, nichts zu entbehren, uns nichts vorzunehmen für die Zukunft und nicht wehzuklagen über die Vergangenheit. »Carpe diem.« – »Nutze den Tag.« Nutzen wir diesen Moment, leben wir voll im Augenblick, das ist der Weg des Zen. Wir können überall Zen üben. Wir können überall unseren Atem beobachten, unsere Körperbewegungen beobachten, unsere Sinne aktivieren und unsere Gedanken zur Ruhe bringen und in den stillen See unseres Geistes sinken. Wir haben unseren Atem, unseren Körper und unseren Geist immer bei uns. Wenn wir in die Stadt gehen genau so gut, genau so vollständig und intensiv, wie wenn wir auf unserem Kissen sitzen. Erinneren wir uns daran, wann immer es möglich ist, und beginnen wir für einige Atemzüge, unsere Körpertätigkeiten zu beobachten und unsere

Körpermitte zu spüren, in der unsere Kraft, unsere Lebensenergie ruht und uns von dort durchströmt und umhüllt.

Das Gehen aller Menschen ist unser Gehen

Eine großartige Zenübung ist das Gehen im Großstadtgewühl. Wir können hellwach, ruhig und gelassen, unserer Schritte, unserer Mitte bewusst, ganz bei uns, durch die Straßen unserer Stadt gehen.

Gehen wir mit offenen Augen. Hetzen wir nicht einfach von Geschäft zu Geschäft, nur damit beschäftigt, was wir alles kaufen könnten. Spüren wir die Bewegung in unserer Körpermitte, das Klappern unserer Absätze und das Pflaster unter unseren Füßen. Atmen wir bewusst in Harmonie mit unserem Körper ein und aus. Erfreuen wir uns am Gehen. Hören wir das Trappeln der vielen Fußschritte auf dem Gehweg. All diese Schritte sind auch unsere Schritte.

Sehen wir die Mutter mit dem Kinderwagen, wie sie den Wagen schiebt und ihrem Baby zulächelt. Sehen wir das Kindergartenkind, das an der Hand der Mutter läuft und sich bemüht, mit dem eiligen Schritt der Mutter mitzuhalten. Sehen wir das Schulkind, wie es hüpfend manchmal vor, manchmal hinter dem Vater geht. Sehen wir die Jugendlichen, wie sie mithilfe von Cowboystiefeln und entsprechendem Gehabe versuchen, ihre Identität zu finden, und sehen wir, wie Teenager in Schuhen mit hohen Plateausohlen die ersten Schritte ins Leben einer Frau versuchen. Sehen wir die Frau mit ihren hochhackigen Pumps, ihren langen Beinen und ihrem kurzen Rock die Hüften wiegen bei jedem Schritt. Sehen wir die junge Frau im langen bunten Rock in flachen Sandalen eilig die Stadt durchschreiten, um im Park mit nackten Füßen den Rasen unter den Sohlen zu genießen. Sehen wir den Herrn in glänzenden, schwarzen Halbschuhen und grauem Anzug geschäftigen Schrittes zur Bank eilen. Sehen wir die Dame langsam von Schaufenster zu Schaufenster schreiten. Sehen wir die alte Frau, mit dem gebrechlichen alten Mann am Arm, wie sie ein wenig nach vorn gebeugt, etwas ängstlich mit Hilfe eines Stockes die Straße überqueren. Sehen wir den Blinden, der sich mit seinem Hund ruhig und gelassen einen Weg durch die Menge bahnt. Sehen wir die Touristenfamilie durch die Straßen schlendern. Manche Menschen gehen zielstrebig, manche unentschlossen, manche schleppen sich müde dahin, und manche tänzeln fröhlich durch das Menschengewirr. Sie alle gehen und gehen und gehen. Ihre Schritte sind auch unsere Schritte.

Und wie gehen wir? Schauen wir bewusst hin. Betrachten wir die Füße, die Beine und die Augen der Menschen. Erfreuen wir uns am Gang eines Menschen, wenn er leicht und fröhlich ausschreitet. Nehmen wir wahr, wenn Mitgefühl in uns hochkommt für einen sich müde dahinschleppenden Menschen, dessen Gang Hoffnungslosigkeit ausdrückt. Lassen wir keine Gleichgültigkeit zu. Seien wir konzentriert, und handeln wir spontan, wenn Mitgefühl in uns wach wird.

So wie es der Dichter Rilke von seinem Freund schildert, mit dem er durch die Straßen von Paris zu flanieren pflegte. Der Freund hatte die Gewohnheit, einer Bettlerin jeden Tag einige Centimes zu geben. An diesem Tag jedoch hatte er kein Kleingeld in der Tasche. Aber die beiden Freunde hatten gerade Blumen gekauft. So nahm er eine Rose, verbeugte sich vor der Bettlerin und schenkte sie ihr. Danach sahen die beiden die Bettlerin eine Woche lang nicht mehr an ihrem Stammplatz. Als sie dann wieder dort saß, fragte der Freund sie: »Wo sind Sie gewesen, alte Frau?« Die Bettlerin antwortete: »Gnädiger Herr, Sie schenkten mir eine Rose. Ich blieb zu Hause. Ich musste doch meine Rose hüten und mich an ihr freuen, so lange sie blühte.«

Schlangestehen im Supermarkt ist das Ziel des Zen

Wir haben nach Arbeitsschluss noch eine Kleinigkeit eingekauft. Jetzt schieben wir uns mit unserem Wagen an das Ende der Schlange wartender Menschen vor der Kasse. Das kann dauern! Vor uns stehen Mütter und Hausfrauen mit bis oben hin vollgepackten Einkaufswagen.

Dies ist für uns eine wunderbare Gelegenheit zur Meditation. Stehen wir mit den Beinen fest auf dem Boden, und richten wir unseren Körper auf. Suchen wir unsere Mitte, halten wir unsere Hände ruhig und locker am Griff des Einkaufswagens, und beobachten wir unseren Atem. Ab und zu schieben wir beim Ausatmen den Wagen ein Stück näher an die Kasse. Wir werden spüren, wie der Supermarkt in Ruhe und Stille versinkt, bis wir vor der Kassiererin stehen. Schauen wir sie an, und grüßen wir sie. Sehen wir ihre müden, gestressten Augen. Ein freundliches Wort von uns wird ihr gut tun.

Im Kaufhaus eine Hose kaufen ist das Ziel des Zen

Wir gehen an unserem freien Tag in ein Kaufhaus, da wir uns eine neue Hose kaufen wollen.

Tausend Dinge stürmen auf uns ein, werden uns angeboten, wollen von uns gekauft und konsumiert werden. All dies versuchen wir achtsam wahrzunehmen, ohne uns in diesen Dingen zu verlieren.

Der Zenweg besteht darin, bewusst zu wählen, worauf wir uns konzentrieren möchten. Wir wollen eine blaue Hose. Gehen wir zielstrebig in die Hosenabteilung. Lassen wir uns nicht ablenken. Zen bedeutet, uns für eine Sache zu entscheiden, sie voll und ganz zu erkennen und dann mit allen Sinnen zu erleben. Suchen wir nach den blauen Hosen. Finden wir aus allen Farben, die für uns schönste, aus allen Größen, die für uns richtige, aus allen angebotenen Stoffen, den uns angenehmsten, heraus. Probieren wir die Hose an. Sie passt. Entscheiden wir uns für diese Hose, dann lassen wir alle Gedanken an weitere Hosen fallen. Das ist Entscheidungsfreudigkeit ohne Wenn und Aber, Aktivität ohne Reue. »Hätte ich doch die Hose mit der helleren Farbe und dem leichteren Stoff in der kleineren Größe genommen« sind Gedanken, die uns den Blick für den neuen Moment und die Freude am Tragen dieser Hose vergällen. Das Vergangene in Frage zu stellen ist nutzlos. Was vorbei ist, ist vorbei. Jetzt leben wir mit dem, was wir haben, und wir freuen uns daran. Eine neue Möglichkeit, sich für eine andere Farbe, Passform, ein anderes Material zu entscheiden, kommt beim nächsten Hosenkauf. Doch wann der ist, das wissen wir nicht.

»Jeder Tag ein guter Tag.«

»Jede Hose eine gute Hose.«

Leben wir in unserer neuen Hose! Spüren wir den Stoff auf unserer Haut, betrachten wir die Farbe. Gehen wir darin, sitzen wir darin, stehen wir darin, und liegen wir darin auf unserem Sofa, werden wir eins mit ihr. Diese Hose ist der Ausdruck unseres Geistes, unseres persönlichen Seins. Diese Hose ist der Ausdruck des Einen Geistes, nicht weniger als ein vergoldeter Buddha oder eine Heiligenstatue.

Beim Friseur sitzen ist das Ziel des Zen

Auch der Besuch beim Friseur ist eine wunderbare Möglichkeit, unsere Zenübung zu vertiefen.

Nehmen wir ganz bewusst auf dem uns zugewiesenen Stuhl Platz. Suchen wir unsere Mitte. Sitzen wir aufrecht und entspannt. Wir können unsere Sitzhaltung im Spiegel korrigieren. Beobachten wir, wie der Atem unseren Körper durchströmt und wieder verlässt. Entspannen wir die Muskeln um unseren Mund und dann alle Muskeln im Gesicht.

Wir werden im Spiegel feststellen können, dass unser Gesicht ein leichtes Lächeln trägt. Jetzt lassen wir unsere Augenlider ruhen und warten ruhig ab, bis die Friseurin kommt. Sprechen wir mit ihr, und erläutern wir ihr unsere Vorstellungen. Hören wir ihre Stimme. Dann schenken wir unserer Sitzhaltung wieder Aufmerksamkeit, beobachten den Atem und spüren die Hände der Friseurin in unseren Haaren und auf unserer Kopfhaut. Werden wir eins mit Hand und Haar und Schere. Konzentrieren wir uns ganz auf unseren Kopf und die Hände der Friseurin. Plötzlich sind wir nur noch Hand und Kopfhaut und Atem. Der Wind des Föns durchstreift unser Haar. Werden wir eins mit dem Wind.

Gleich einer ziehenden Wolke,
durch nichts gebunden:
Ich lasse einfach los,
gebe mich in
die Launen des Windes.
RYOKAN

Im Café sitzen ist das Ziel des Zen

Vielleicht haben wir Zeit und gönnen uns eine halbe Stunde Ruhe in unserem Lieblingscafé.

Eine Tasse Kaffee oder Tee in einer ruhigen Ecke würde uns gut tun. Ehe wir das Café betreten, bleiben wir einen Augenblick stehen und schauen uns das liebevoll dekorierte Schaufenster mit all den leckeren Süßigkeiten an: Gebäck für Feiertage, bunt und kunstvoll verzierte Kuchen. Welche Mühe hat der Konditor sich gegeben, unsere Blicke anzulocken und uns zu erfreuen. Sicher ist unser Lieblingskuchen dabei, und auf dem Heimweg werden wir noch etwas für unsere Familie mitnehmen. Wir öffnen die Tür zum Café, hören die altmodische Türklingel und betreten ein Paradies von Kaffeeduft, Teegeruch und dem warmen, anheimelnden Duft von Kuchen und anderen Süßigkeiten. Der Teppichboden schluckt alle lauten Geräusche, während dezent Mozartmusik den Raum erfüllt. Zwischen leisem Stimmengewirr, alten Damen mit modischen Hüten und einigen wohlsituierten Herren finden wir unseren Weg zu einem freien Tisch in einer ruhigen Ecke. Seien wir uns all dessen ganz bewusst. Genießen wir die ruhige Gelassenheit in diesem Raum. Setzen wir uns auf den Stuhl in bequemer, aufrechter Haltung. Beobachten wir unseren Atem, wie er aus unserer Körpermitte aufsteigt und schließlich durch den Stuhl und die Fußsohlen in den Boden entweicht. Da kommt die Serviererin, und wir bestellen Kaffee und Kuchen. Schon bald bringt sie das Gewünschte. Wir bedanken uns, riechen den Duft des Kaffees und entweichen in das Land der Inkas, wo seit vielen Jahrhunderten Kaffee angebaut wird. Beobachten wir in unserer Vorstellung das Wachstum der Pflanze, sehen wir die Erde, die Sonne, den Wind, die Berge und den Regen, die diese köstlichen Bohnen wachsen ließen. Kaffeeduft durchströmt unser Wesen und den ganzen Raum. Atmen wir bewusst ein, atmen wir bewusst aus, ruhen wir im Weltall. Jetzt schauen wir unser Stück Torte an. Genießen wir die Farben und Formen, spüren wir, wie das Wasser uns im Munde zusammenläuft. Essen wir ganz bewusst einen Bissen, und genießen wir ohne Hast und Unruhe die Süße, die Gewürze, all die Gaumenfreuden, die sich einstellen. Wir sind allein, wir haben Zeit, wir halten eine »Kaffeezeremonie«, und das Café ist unser Meditationsraum.

Innenraum und Daseinsraum

Euer Haus ist euer erweiterter irdischer Leib.
KAHLIL GIBRAN

Achtsamkeit im täglichen Leben hat sehr viel mit der Gestaltung unserer unmittelbaren Umgebung, unseres Wohnbereichs zu tun – einer Welt, die wesentlich durch unser persönliches Denken, Fühlen und Handeln gestaltet worden ist und die gleichzeitig uns gestaltet. Wir gestalten den

»äußeren Raum« und im selben Moment formt dieser unseren »inneren Raum«.

Im Zen wird die Wirklichkeit und die Wahrheit des Raumes, in dem wir wohnen, als die relative Eingrenzung des Unbegrenzten verstanden. Eine Kaffeetasse umgrenzt als Porzellanschale oder Becher den Raum und schafft so den Platz für den Kaffee. Wenn wir die Tasse fallen lassen und die Schale zerspringt, ist der (eingegrenzte) Raum weg. Er ist nicht mehr auszudrücken in Länge, Breite und Höhe, nicht mehr zu zeichnen und nicht mehr anzufassen.

»Die Wahrheit wird durch die Eingrenzung des Unbegrenzten wirklich.« (Lao-Tse) Beeinflusst von diesem Satz kam der zenübende niederländische Architekt Dr. Bertus Mulder zu der Einsicht: »Das Bild, das wir uns von der Wirklichkeit machen, entsteht in uns durch Erfahrungen, die uns zuteil werden, und deshalb hat jeder seine eigene Wirklichkeit. Jeder Mensch realisiert seine eigene Wirklichkeit in Wechselwirkung mit allem, was ihn umgibt. Die Wirklichkeit entsteht in der Wahrnehmung, durch alles, was wir sehen, hören, riechen, schmecken und aufgrund dessen denken und träumen. Was ich wahr-nehme, ist die Wahr-heit meines Lebens. Das bin ich selbst, darauf gründet sich meine Identität. Die Wahrheit wird innerhalb der eigenen Möglichkeiten Wirklichkeit. Ohne Eingrenzung gibt es keinen Raum. Eingrenzung ist die Voraussetzung für Raum ...Wir können uns aber durch unsere Haltung, unseren Blick, unsere Kleidung, unseren Geruch sowie durch unser Tun, unser Reden, Schreiben, Spielen und Singen, kurzum durch all unsere Äußerungen und auch durch unser Denken und Träumen mehr Raum aneignen als unserem Körpervolumen entspricht. Diesen Raum nenne ich unseren Daseinsraum.«

Dieser Raum hat keine festen Maße, ist nicht sichtbar, nicht messbar. Unser Daseinsraum kann bis auf das Volumen unseres Körpers schrumpfen und sich bis ins Unendliche wieder ausdehnen. Je achtsamer wir von Augenblick zu Augenblick leben, desto größer ist unser Daseinsraum. Wo könnte denn auch unsere Grenze liegen? Wo höre ich auf, und wo fangen Sie an? Zen bedeutet, durch Achtsamkeit Grenzen zu verschieben, Veränderungen und Vergänglichkeit zu akzeptieren, Zusammenhänge einzusehen und das Unbegrenzte manchmal wirklich zu erleben.

Wohnen in unserem Daseinsraum, in der Vielfalt von Formen, Farben und Dimensionen, bedarf des unendlichen Spiels der Achtsamkeit all unserer Sinne: des Fühlens, Riechens, Schmeckens, Hörens, Sehens und Denkens. So kreieren wir unsere Umwelt bewusst.

Begeben wir uns auf eine Phantasiereise, um unseren Blick für diese Vielfalt zu schärfen. Erdacht wurde sie von Dr. Markus Wilsing, auch er ein Architekt und Zenübender:

Stellen Sie sich vor, Sie wären eine große Ameise; Sie klettern am Bein eines Tisches hoch und gelangen so auf einen gedeckten nachmittäglichen Kaffeetisch. Es ist beinahe so, als würden Sie aus einer Wüstenlandschaft auf eine Oase oder Stadt stoßen. Die hohe Kaffeetasse wird zum Hochhaus mit einem Pool auf dem Dach, das Messer mit seinem Griff zur Brücke, um auf den Teller zu krabbeln, und der Teller mit seinen Kuchenkrümeln wird zu einem Platz mit kleinen Steinen. Während des Essens hat sich neben einer Kaffeetasse ein winziger Kaffeetropfen gebildet, der für die Ameise wie eine Pfütze aussieht. Der Kuchen und die Zuckerschale sind zu irgendwelchen Gebäuden geworden, die niedrige Vase mit den Frühlingsblumen darin bildet einen Park, der Abstand zwischen Tasse und den umliegenden Gegenständen wird zur Straße, und auf dem Kuchen sind die Erdbeeren zu unterschiedlich großen Hügeln geworden.

Nun fragt sich die Ameise, wer wohl der Architekt, Designer oder die Landschaftsplanerin dieser Anordnungen war? Wer war verantwortlich für all dies? Gefällt es der Ameise? Würde sie gern hier leben und wohnen?

Lassen Sie nun Ihren Blick durch Ihre Wohnung schweifen. Dies ist Ihre Wohnung mit all Ihren Erinnerungen und Anordnungen. Haben Sie diese »Stadt« gebaut? Wie oft ändern Sie die Anordnung oder das Design Ihrer Wohnung? Wann geschehen diese Veränderungen? Denken Sie doch einmal kurz darüber nach, welcher Gemütszustand Sie in der Vergangenheit dazu animiert hat, eine neue Wohnatmosphäre in Ihrem »Heim« zu gestalten? War es die Trennung von Ihrer Partnerin oder Ihrem Partner? Oder haben Sie sich danach nur die Haare abgeschnitten? Wo ist ihr/sein Foto? Gestern stand es doch noch auf dem Schreibtisch!

Bitte wenden Sie Ihren Blick nun aus dem Fenster. Was sehen Sie? Eine »Kaffeetasse« oder ein Haus? Einen »Kuchenkrümel« oder einen Kieselstein? Einen »Teller« oder einen Platz? Einen »Kaffeetropfen« oder eine Pfütze? Sehen Sie die Straße? Was ist von der Natur und was ist von Menschenhand erschaffen worden?

Gehen wir noch einen Schritt weiter: In Gedanken betreten Sie jetzt ein Flugzeug und erheben sich mit ihm in die Lüfte. Höher und höher! Schauen Sie nun aus dem Fenster: Sehen Sie, wie viele Menschen auf dem »Kaffeetisch« herumlaufen? Je höher Sie mit dem Flugzeug steigen, um so kleiner werden die Menschen, die Ameisen und die Kaffeetasse mit dem Swimmingpool auf dem Dach, bis sie auf einmal ganz verschwunden sind. In Ihrer Abenteuerreise verwandelt sich Ihr Flugzeug langsam in ein Raumfahrzeug, womit Sie die Erdatmosphäre verlassen können. Sie nähern sich dem Mond, der Sonne und den Sternen. Jetzt schauen Sie zurück aus dem Fenster: Ist die Erde zum blauen Planeten geworden? Sie fliegen immer weiter, vorbei am Planeten Mars bis hin zum Jupiter. Sie reisen so weit durch Raum und Zeit, bis auch die Erde zu einem »Kuchenkrümel« geworden ist, ein Planet mitten unter all diesen Farben, Formen und Größen in der Unendlichkeit des Universums.

Wer war wohl der Designer, Architekt oder Landschaftsplaner von all dem? Waren Sie es? Oder sind Sie eine /einer unter vielen?

Achtung! Sind Sie sich bewusst, dass Sie die benutzte Kuchengabel vom Teller auf die beigefarbene Tischdecke haben fallen lassen und dabei beinahe die vorbeilaufende Ameise getötet hätten? Es ist interessant, wahrzunehmen, welche unmittelbaren Folgen doch die Statik, Planung oder Handlung eines »Projekts« auf das Umfeld haben kann. Und es verdeutlicht, wie wichtig die Achtsamkeit im täglichen Kreieren, Planen oder Tun ist. Wie Sie sehen, sind noch andere Lebewesen um Sie herum am Werk, die Ihr Design, Ihre Architektur oder Ihre Landschaftsplanung mitbenutzen möchten.

Euer Haus sei ein Mast, nicht ein Anker (Kahlil Gibran)

Neulich hat ein bekannter Modemacher seine »barocke« Wohnungseinrichtung versteigern lassen. Er hat sich ein neues Haus mit viel offener Weite durch Glas und Türen bauen lassen, und in dieser weißen Villa gibt es nur die allernotwendigsten Möbel, die an Schlichtheit nicht zu übertreffen sind. Die wenigen, aber harmonisch aufeinander abgestimmten Farben strahlen Ruhe und Konzentration aus. Auch die Dekoration ist spärlich und lädt zur Einkehr ein. Diese Klarheit des Hauses führt den Rastlosen in die Ruhe des leeren Raumes.

Ein Haus, eine Wohnung sollte ein Mast unseres Lebensschiffes sein. Unser Zuhause sollte unseren Geist nicht einengen, sondern uns in die Freiheit führen, uns Raum geben, uns Flügel wachsen lassen. Unsere Wohnung sollte kein Anker sein, der uns festhält und uns an der Reise über tausend Meere hindert. Nein, unser Heim sollte uns befähigen, die offene Weite des Meeres zu sehen, und uns zu neuen Abenteuern führen, damit wir freudig und ohne Angst in Harmonie und im Vertrauen auf den Mast unseres Lebensschiffes Tag für Tag das Alte loslassen können, um Tag für Tag das Neue zu wagen.

Unser Zuhause sollte uns anregen, uns frei zu machen, uns leer zu machen von der Last des Arbeitstages, und uns in die Ruhe eines freien Geistes führen.

»Euer Haus ist euer erweiterter irdischer Leib«, sagt Kahil Gibran. »Was grenzenlos in euch ist, wohnt im Herrenhaus des Himmels, und seine Tore sind die Nebelschleier des Morgens und seine Fenster das Singen und Schweigen der Nacht.«

Wenn unsere Wohnung unser erweiterter Körper ist und wir über unseren Körper den Geist erreichen, dann sollten wir jetzt einmal unsere Wohnung mit wachen, offenen Augen unvoreingenommen betrachten. Was hängt und steht dort alles in bunter Vielfalt herum? Lassen Sie die Atmosphäre eine Zeitlang auf sich wirken. Welche Farben sind vorherrschend? Empfinden Sie Ihre Wohnung als warm oder kalt? Gemütlich oder sachlich-kühl? Ist sie mit Möbeln vollgestellt oder eher sparsam eingerichtet? Gefällt Ihnen Ihre Wohnung? Leben Sie gern darin? Empfangen Sie gern Gäste, oder möchten Sie Ihre Wohnung am liebsten niemandem zeigen? Haben Sie Lust, etwas zu verändern, sie umzugestalten, oder fühlen Sie sich wohl, so wie sie ist? Wenn es »Ihr« Zimmer ist, das Sie vielleicht anders gestalten möchten, haben Sie natürlich vollkommene Entscheidungsfreiheit. Leben Sie aber in einer Familie oder in einer Partnerschaft, sollten Sie gemeinsam die Leere, die Ruhe, die Klarheit des Raumes und seine Harmonie bestimmen. Vielleicht kann jeder ein Lieblingsmöbelstück, ein Bild, ein Erinnerungsstück auswählen. Dann schauen wir uns gemeinsam in Ruhe um. Was liegt und hängt und steht da alles rum? Vieles könnte auch schön verpackt als Erinnerung in einer Truhe liegen. Wagen wir es doch einmal, den Raum leer zu machen, ganz leer! Suchen wir zwei harmonische Farben aus, und gestalten wir Wände,

Boden und Möbel allein in diesen Farben. Wählen wir für die Einrichtung klare, schlichte Formen, und stellen wir nur die allernotwendigsten Möbel auf. Lassen wir los. Machen wir uns frei von der Vergangenheit. Setzen wir nur Akzente bei der Dekoration des Raumes: ein Bild, eine Vase, eine Blume, eine Skulptur. Wenn wir uns nicht entscheiden können, beschließen wir einfach, die Wohnungsdekoration im Jahreszeitenrhythmus zu wechseln. So kommen all unsere Lieblingsstücke und -bilder zu ehren. Wir können uns daran freuen, denn sie werden ins rechte Licht gerückt. Sie ziehen den Blick auf sich und bestimmen unser Lebensgefühl in besonderer Weise, weil nur sie den Raum definieren und schmücken.

Im »Zenstil« zu wohnen bedeutet, sich mit wenigen, aber qualitativ guten Möbeln und Gegenständen in wenigen, harmonisch aufeinander abgestimmten Farben und Formen einzurichten. Die Freiheit und offene Weite des Raumes als Lebensgefühl zu erfahren, das ist »Zenwohnen«. Dazu gehört, dass wir uns vom Ballast der Vergangenheit befreien und das Wagnis des leeren Raumes, des leeren Geistes üben. Der Bauhausstil passt zum Beispiel gut zu diesem Gedanken, aber auch der Wohnungsstil der achziger Jahre.

Im Moment ist japanisches Wohnen »in«: Paravents, Kissen, Matten, Kimonos, Tassen, Schalen, Stäbchen, Bettwäsche oder Fußmatten mit japanischen, uns unverständlichen Schriftzeichen und Rollbilder. Wenn Sie sich darauf einlassen wollen, dann achten Sie darauf, nur einige japanische Akzente zu setzen; es gibt schon so viel »Japan-Kitsch«, und schließlich leben wir in Europa. Unsere kulturellen Wurzeln sind europäische. Zen passt sich den Menschen in Raum und Zeit und Kultur an. In China ist Ch'an-Wohnen anders als in Japan und in Vietnam wieder anders als in Indien. Warum sollten wir Europäer nicht auch unseren eigenen Zenstil kreieren und leben? Wie fänden Sie es zum Beispiel, wenn Sie in Tokio eingeladen wären und Ihre Gastgeber Sie in ein weißes Schleiflack-Rokokozimmer führten oder in eine gediegene altdeutsche Stube mit Kuckucksuhr? Dabei trügen die japanischen Gastgeber Dirndl und Lederhosen oder die Mönchsroben der Benediktiner. »German Style«. Vermutlich wären Sie zumindest etwas verwirrt.

Zenwohnen bedeutet sich freimachen, sich leermachen, loslassen auch von exotischen Formen, die nicht zu unserem Lebensstil passen.

Unser Meditationsplatz

Es ist wichtig, dass wir uns in unserer Wohnung einen Ort suchen, an dem wir möglichst ungestört sein können, und ihn zu unserer Insel der Ruhe, zu unserem Meditationsplatz machen. Das Lösen von Problemen, die Ordnung persönlicher Dinge, die Suche nach neuen Möglichkeiten, das Schöpfen neuer Energien, das Abstreifen von Fesseln und das Erleben neuer Wege geschieht in der Stille. Dafür sollten wir uns Raum geben. Haben wir nicht die Möglichkeit – und nur wenige werden sie haben –, ein ganzes Zimmer als Meditationsraum einrichten zu können, so trennen wir am besten eine Ecke durch einen Paravent oder eine Jalousie vom übrigen Raum ab. Wir hängen ein Bild auf, stellen eine Vase mit einer Blume der Saison auf den Boden und in deren Nähe eine Schale für Räucherstäbchen und eine Kerze. Dann legen wir eine Matte und ein Kissen hin oder stellen ein Sitzbänkchen auf. Wenn wir möchten, sollten wir auch eine für uns kostbare Teeschale dazustellen. So können wir uns am Morgen und Abend zum Teetrinken und Meditieren, allein oder mit Partner, Partnerin, Familie, an unseren »geheiligten Kraftort« zurückziehen. (Siehe auch Seite 126-129)

Von der Kleidung – Die Rosenblüte unseres Geistes

Nicht nur unsere Wohnung, sondern auch – und viel »näher liegender« – unsere Kleidung ist unser erweiterter Leib. Durch unsere Kleidung können wir Ruhe, Klarheit und Achtsamkeit zum Ausdruck bringen. Gönnen wir unserem Körper und unserem Geist diese Ruhe und Sicherheit. Unser Geist kann sich, wenn er in Harmonie mit unserer Kleidung in Form und Farbe ist, frei, ungehindert und konzentriert in unserer Tätigkeit zum Ausdruck bringen. Unsere Kleidung sollte bequem sein und den Körper nicht einengen oder unsere Bewegungen behindern. Umhüllen wir unseren Körper mit natürlichen Stoffen und Garnen. Wählen wir schlichte Schnitte und ruhige Farben, vielleicht nur ein oder zwei. Unsere Kleidung sollte die Schönheit des Körpers harmonisch unterstreichen und Schutz bieten gegen die Widrigkeiten von Wind und Wetter. Sie sollte schmücken, aber nicht verkleiden. Die Harmonie unseres Geistes mit den Farben unserer Kleidung fördert innere Ruhe und Gelassenheit.

Tragen wir auch beim Meditieren allein auf unserem Sitzkissen in der Wohnung oder gemeinsam mit anderen in einer Meditationshalle bequeme Kleidung in ruhigen Farben und aus natürlichen Stoffen. Es muss kein schwarzer japanischer Kimono sein, aber Leggins mit Tigermuster, enge Jeans oder lange, ausgebleichte Unterhosen sind keine geeignete Meditationsbekleidung. Unsere Kleidung sei eine Wohlfühlkleidung, die der Jahreszeit, der Raumtemperatur, der Witterung und dem Anlass entsprechen sollte.

Denken wir daran: Die Kleidung ist die Rosenblüte unseres Geistes.

Stich für Stich, Augenblick für Augenblick

Der Eine Geist hat hundert Namen. Hundert Namen hat Allah, hundert Namen hat Buddha, hundert Namen hat Jesus, hundert Namen hat Gott – den Namen der Mutter Erde, den Namen des Adlers in den Lüften, des Schakals in der Wüste, des Windes in den Baumwipfeln, des Feuers im Herd, des Wassers im Brunnen, der Sonne zwischen den Wolken.

Dies wusste auch der fromme, wohlhabende Hakim aus Ägypten, denn er hatte fromme Schriften gelesen und fromme Predigten gehört. Doch wirklich gefunden hatte Hakim noch keinen dieser Namen. So machte er sich auf den Weg nach Paris, um Allahs hundert Namen zu finden.

Sein Weg führte ihn zum Schuhmacher Dupont. Er kennt den Namen Allahs, sagte ihm eine Stimme. Doch Meister Dupont interessierten nur Füße und Schuhe. Alles, was ihn trieb, war sein Wunsch, den Kunden ein bequemes Paar Schuhe zu fertigen. So machte er Hakim wundervolle, herrlich passende grüne Stiefel.

Doch Hakim wollte eigentlich nur den hundertsten Namen des Einzigen, des Ewigen, des Ersten, wissen, denn neunundneunzig sind aufgeschrieben, und die hatte er studiert. Enttäuscht verließ er Meister Dupont und kam zur Köchin Janine. Eine Stimme hatte ihm verkündet, dass Janine den hundertsten Namen Allahs kenne. Doch sie kochte ihm als Antwort einen wunderbaren Kalbsbraten. Ein Kalbsbraten, der hundertste Name Allahs? Hakim verstand die Welt nicht mehr. So fand er den Weg zur schönen Ninon. Eine Stimme hatte ihn wissen lassen, dass sie den hundertsten Namen Allahs kenne. Bei Ninon erfuhr Hakim spontane Zuwendung und Freundlichkeit. Sie schenkte ihm eine wunderbare Nacht. Doch den hundertsten Namen Allahs konnte sie ihm auch nicht sagen.

Hakim fuhr zurück nach Hause. Seine Frau hatte inzwischen eine Botschaft des Propheten empfangen: O Wunder aller Wunder! Eine Dattelpalme ist eine Dattelpalme! Das nie Gehörte ist eine Dattelpalme. Und Hakim erkannte schließlich:

Der hundertste Name Allahs ist ein Paar grüne Stiefel.

Der hundertste Name Allahs ist ein Kalbsbraten.

Der hundertste Name Allahs ist eine wunderbare Nacht.

Es vergingen viele Jahre. Hakim verarmte, und seine Frau und er wurden in einer schönen Villa Hausmeisterehepaar. Da kam ein Jüngling, der sagte: »Ich komme von weit her. Meine Füße sind wund.« Hakim fragte: »Zu Fuß? Wie unsinnig! Es gibt Züge, Schiffe, Autos und Flugzeuge.« Doch der Prophet hatte dem Jüngling geraten: »Geh!« Er hatte nicht gesagt: »Fahre!« So stand der junge Mann vor Hakim und fragte nach dem hundertsten Namen Allahs. Der Junge und der Alte saßen auf der Treppe des Hauses, und Hakim erzählte von Meister Dupont und seinen grünen Stiefeln, von der Köchin Janine und ihrem Kalbsbraten und von der schönen Ninon und einer wunderbaren Nacht. Doch der Jüngling verstand nicht. Dann übersetzte Hakim den hundertsten Namen Allahs aufs Neue und sagte: »Im Glanz dieser Treppe findest du den hundertsten Namen Allahs. Junger Herr, nimm den Besen und hilf mir.«

Wir mögen solche Geschichten und hören oder lesen sie immer gern, und theoretisch können wir sie auch wunderbar auf unsere Lebenssituation übertragen. Ja, wir wissen: Den hundertsten Namen des Einen Geistes können auch wir von Augenblick zu Augenblick erfahren. Er ist verborgen in dem schön gebügelten Hemd, in dem gut angenähten Knopf, in dem Glanz der frisch geputzten Schuhe und im glänzenden Küchenfußboden.

Auch Hausarbeit kann für uns ein vielseitiger Zenweg sein, auf dem wir Achtsamkeit und Gelassenheit üben können. Aber für viele von uns ist es kein ganz einfacher Weg, sondern ein mit Unlust und Widerständen gespikter Schotterpfad. Es gibt nicht allzu viele, die von sich behaupten würden, dass sie Hausarbeit mögen, vor allem, wenn sie müde von der Arbeit kommen oder einen wohlverdienten freien Tag haben. Ab und zu hören wir von begnadeten Menschen, die Fensterputzen oder Staubsaugen zu ihrer Lieblingsbeschäftigung erkoren haben. Doch selbst der fromme Hakim musste lange suchen und erst verarmen, um dann im Glanze einer Treppe den hundertsten Namen Allahs zu finden. Nur Mut also!

Wichtig ist zunächst einmal, Hausarbeit nicht schönzureden, sich nicht verkrampft um »positives Denken«, um ein verklärtes Lächeln beim WC-Putzen zu bemühen. Zwei Seiten hat die Wirklichkeit: Es gibt Dinge, die wir gern tun, und solche, die wir nicht mögen.

Neben den angenehmen Beschäftigungen gibt es die für uns unangenehmen, aber auch in ihnen liegt etwas verborgen, was uns Spaß und Freude machen kann, so wie auch in den angenehmen Tätigkeiten ihr Gegenteil enthalten ist. Versuchen wir, dies in der Hausarbeit konkret zu erfahren. Betrachten wir sie als eine Art Spiel, dass im ständigen Wechsel um diese Pole kreist.

Unangenehm – angenehm – unangenehm – angenehm – unangenehm – angenehm. Und setzen wir zwischen diese beiden Aspekte noch einen weiteren: Beine hochlegen, ausruhen. Also: unangenehm – ausruhen – angenehm – unangenehm – ausruhen – angenehm, usw.

Unangenehm: putzen, staubsaugen
Ausruhen: eine halbe Stunde Musik hören
Angenehm: spülen, Tee trinken und Zeitung lesen

Unangenehm: bügeln, Wäsche waschen
Ausruhen: Beine hochlegen, Nickerchen
Angenehm: Schrank aufräumen, zur Kosmetikerin gehen oder in die Sauna, ein Buch lesen

Sparen wir uns unsere Lieblingsbeschäftigung für unseren Hausarbeitstag auf, damit an diesem Tag Schwierigkeit und Leichtigkeit harmonisch verteilt sind. Vielleicht wird irgendwann unser Widerstand gegen die Hausarbeit etwas schmelzen, und wir werden das Spiel des Hemdenbügelns, Knopfannähens, Putzens und Staubsaugens genießen.

Bügeln wir ein Hemd. Nehmen wir das Bügeleisen in die Hand. Spüren wir, wie Hand und Bügeleisen zur Einheit verschmelzen und diese Bügeleisen-Hand übers Hemd streicht. Strich für Strich, Augenblick für Augenblick.

Wir können bei dieser Verschmelzung von Subjekt und Objekt erfahren, was Meister Yün-men gemeint hat, als er auf die Frage nach seiner Lehre antwortete: *zack – waff – zack – waff.* Das ist: *Einatmen – ausatmen – hin und her – Strich für Strich.*

Bügeln wir unser Hemd: Strich für Strich: 1 – 2 – 3 – 4 – 5 – 6 – 7
Nähen wir einen Knopf an: Stich für Stich: su – su – lu – lu
Putzen wir unsere Schuhe: zack – waff, zack – waff.

Ob wir Hemden bügeln, Strich für Strich, ob wir einen Knopf annähen, Stich für Stich, ob wir staubsaugen, hin und her, oder ob wir in formeller Meditation in einem prächtigen Tempel sitzen: Der Eine Geist ist überall in gleicher Weise ungeteilt gegenwärtig. Deshalb kann unsere Zenübung ebenso vollkommen sein bei der Hausarbeit. Wenn wir ganz bewusst eine Nadel einfädeln, einen Knopf und eine Jacke in die Hand nehmen und Stich für Stich den Knopf annähen, können wir eins werden mit Nadel, Faden, Knopf und Stoff, wie der Kalligraph eins wird mit Pinsel und Papier. Wo gibt es da einen Unterschied?

Versuchen Sie es. Versuchen Sie etwas Spielerisches in den Ernst Ihrer Hausarbeit zu bekommen, und bedenken Sie: Spiele sind für den Moment gedacht und für sonst nichts. Am nächsten Haushaltstag beginnt ein neues.

Zen und die Kunst der Freizeitgestaltung

Ein Wasservogel kommt und geht,
ohne eine Spur zu hinterlassen.
Aber er kennt seinen Weg.
DOGEN ZENJI

Welche Vorstellungen haben wir von unserer Freizeit? Auf jeden Fall sollte es eine Zeit ohne Uhr sein, eine Zeit frei von Zeit-Druck. Es sollte die Zeit sein, in der wir keine Spur hinterlassen müssen, in der wir ohne Leistungs- und Erfolgsdruck voll und ganz in der Gegenwart leben dürfen und spontan das Hier und Jetzt gestalten können. Wir alle haben unseren Traum von der Frei-Zeit. Leider wird bei vielen von uns aus dieser Frei-Zeit eine Voll-Beschäftigungs-Zeit, aus einem Traum ein Albtraum.

Wenn wir Zen üben, sollten wir erst einmal unseren Freizeitterminkalender nehmen und streichen, streichen und nochmals streichen, bis ganz viel freie Zeit entstanden ist. Dann setzen wir uns auf unser Meditationskissen, beobachten unseren Atem und lassen alles, was wir gestrichen haben, los. Lassen wir es gehen, vollständig. Schauen wir ruhig und tief in uns hinein, vielleicht sehen wir Bilder aufsteigen, hören unsere innere Stimme:

Wünscht sich unser Körper nach einem langen, anstrengenden Sitztag im Büro körperliche Betätigung? Möchte er sich im Stadtpark im Rhythmus der Gehmeditation bewegen? Möchte er Sport treiben, vielleicht eine asiatische Sportart, die den Zengedanken schon in sich trägt? Möchte er sich im Rhythmus zur Musik bewegen und tanzen?

Möchte er wandern, bergsteigen, Ball spielen, Tennis, Golf oder Go spielen, schwimmen und am Meer spazieren oder eine Radtour machen?

Vielleicht sind Sie ein Künstlertyp und möchten in Ihrer Freizeit nur malen oder musizieren oder Theater spielen.

Es gibt eine riesengroße Vielfalt uns bekannter Freizeitaktivitäten – wählen wir aus dieser Vielfalt unsere Freizeit-Übung aus. Der Weg des Zen ist es, eine Bewegung des Kosmos bewusst zu erleben, dann die nächste und die nächste: fließend durchqueren wir diese Welt. Wählen wir eine der Möglichkeiten aus und bleiben wir konsequent für einige Zeit dabei. Üben wir bewusst die ständige Wiederholung. Entwickeln wir aber keinen Ehrgeiz. Wir sind in unserer freien Zeit, ohne Start oder Ziel. Lassen wir die Zeit an uns vorbeigleiten, ohne uns unter Erfolgszwang zu setzen.

Radfahren

Wir können das Radfahren zu einer wunderbaren Zenübung machen. Sitzen wir auf dem Rad, so spüren wir die Stellen, wo unser Körper es berührt, die Hände das Lenkrad, unser Po den Sattel und unsere Füße die Pedale. Beginnen wir zu treten, so spüren wir, wie sich unsere Bauchmuskeln bewegen, unsere Hüftknochen, unsere Beine und Füße. Unsere Hände liegen um die Gummigriffe des Lenkrades. Jetzt achten wir auf unseren Atem, suchen ihn in Harmonie zu bringen mit der Bewegung unserer Beine. Wir atmen, treten und lächeln. Wir sehen die vielen Steine, den Asphalt oder den Sand auf dem Weg, die Blumen in den Vorgärten der Häuser, den Ball und das spielende Kind. Wir spüren den Wind durch unsere Haare streichen und unseren Körper umspielen. Erfahren wir unsere Kraft, und erleben wir die Energie und Lebensfreude in uns und um uns herum. Wir sind ganz da, wir spüren, dass wir voll und ganz leben. Unser Körper und Geist sind nicht getrennt in diesem Augenblick. Unser Geist ist da, wo auch unser Körper ist, was unsere Sinnesorgane aufnehmen. Das heißt ganz leben, voll im Augenblick sein, das ist Meditation, Fahrradmeditation! »Tritt für Tritt fahren wir über die Brücke zwischen Nichts und Nirgendwo.« Tritt für Tritt wird unser Geist ruhiger und unsere Energie gesammelter. Achtsamkeit auf dem Fahrrad ist der Weg zur Leichtigkeit, zum Tanz mit dem Stahlross.

Nehmen wir an, wir merken beim Blick auf die Uhr, dass wir nur noch eine Viertelstunde Zeit zum Radfahren haben. Fangen wir dann nicht an, von der Dusche danach zu phantasieren oder unseren nächsten Termin zu planen, sondern genießen wir auch diese letzte Viertelstunde voll und ganz. Wir sind noch immer Nur-Radfahren, Tritt für Tritt.

Sport

Im japanischen Sprachraum wird der Ort der Übung *Dojo* genannt. Dies bedeutet wörtlich: »Weg-Halle«. Es ist der Raum, in dem die »Wege« geistig-praktischer Schulung geübt werden. Es ist der Ort, an dem man den Weg (des Zen) studiert.

Das Dojo ist wie ein Wald, in dem Buchen und Eichen, Birken und Tannen, Ebereschen und Ulmen, Linden, Kiefern, Ahorn, Illex und viele andere Bäume stehen. Der Wald ist ein lebendiger Ort, und die Übenden sind die Bäume. Sie machen den geographischen Ort zu einer lebendigen Sache.

Wir sollten also auch den sportlichen Übungsraum, das Tanzstudio, den Tennisplatz, die Schwimmhalle als Dojo begreifen, als Orte, an denen wir gemeinsam mit anderen den Weg des Zen studieren. Unsere mühelose Mühe, unser Gehen und Stehen, das ewige Fließen unseres Geistes von Augenblick zu Augenblick werden dem Dojo sein besonderes Wesen geben.

Es geht nicht um Erfolg und Sieg, nicht um ein Ziel, denn das ziellose Ziel ist ohne Gegner. Es ist nur Konzentration und Atembewegung. Eine Bewegung tritt aus dem Kosmos hervor, spontan, kraftvoll und formvollendet! Dann gleitet sie ruhig und sanft in den leeren Raum hinaus wie beim Bogenschießen. Nicht zu stark, dass die Sehne reißt, nicht zu schwach, dass der Pfeil nicht fliegt. Genau die Mitte zwischen Anspannung und Loslassen zu finden ist die Kunst, die beim Bogenschießen ins Ziel trifft. Der Golfball gleitet in das Loch, wenn der Spieler das Ziel im Auge hält und nicht zu fest und nicht zu schwach mit einem Akt voller Konzentration eins wird mit Schläger, Ball, Loch und Körperbewegung des Schlages. So ist es auch beim Tennis, beim Fußball, beim Basketball.

Wenn wir durch stetige Übung gelernt haben, mit dem Ball zu tanzen, den Weg des Balls zu erkennen, spontan darauf zu reagieren und uns innerhalb der Spielregeln frei und ungebunden zu bewegen, dann haben wir das Zen des Ballspielens entdeckt. Bewegen wir uns mit dem Ball im Rhythmus des Windes. Losgelöst von aller Erdenschwere bewegen wir uns auf unser Ziel zu und gleiten hinein, ohne zu bemerken, dass das Ziel getroffen wird. Im Zen heißt es: Das Ziel ist nichts anderes als der Start.

Der Schlag mit dem Tennisschläger, dem Golfschläger, der Faust oder dem Fuß ist für den Ball ohne Unterschied. Die Bewegung beginnt kraftvoll oder zaghaft und endet kraftvoll oder zaghaft. Start und Ziel sind nur zwei Seiten einer Münze, die sich in Bewegung befindet, wie der Baum, dessen Äste sich im Wind mal stark und schnell, mal langsam und sanft bewegen.

Tanzen

Der Mann aus Holz singt,
die Frau aus Stein tanzt.
TUNG-SHAN

Zenmeister lieben den Tanz, ob es der Tanz des Kranichs beim Qi-gong ist, der Tanz des Schattenboxens beim T'ai chi-chuan, der Tanz des Kampfes beim Judo, der Tanz des Pfeiles beim Bogenschießen, der Tanz des Schwertes beim Fechten oder der Tanz des Balles beim Fußball oder Tennisspiel.

Tanzen auch wir mit den abgefallenen Blättern im Herbst mit, tanzen wir mit dem Wind, tanzen wir mit dem Ball, mit dem Schwert, mit dem Pfeil, mit der Hand, dem Arm, den Beinen oder dem Kranich. Lassen wir uns Flügel wachsen wie ein Schmetterling, und tanzen wir im Sonnenschein. Tanzen wir einfach so, von Blume zu Blume, lassen wir uns tragen vom Wind.

Tanzen wir mit den Hasen und Rehen des Waldes.

Wenn wir nach zwei Jahren Zenübung noch immer keine Freude und Leichtigkeit darin gefunden haben, sollten wir vielleicht erst einmal einen Tanzkurs belegen. Ob wir uns in alten Volkstänzen, meditativen Kreistänzen, europäischen Standardtänzen, argentinischem Tango, Salsa oder Merengue üben: Jeder von uns kann darin seine ganz persönliche Form zum Ausdruck bringen. Diese Form sucht die Harmonie im Tanz zwischen dahingleiten und stehen, angreifen und zurückweichen, verführen und sich ergeben, sich zeigen und sich verhüllen, einatmen und ausatmen, sich verneigen und sich aufrichten, sich annähern und sich zurückziehen, gemeinsam sein und allein. Wenn wir absichtslos im Rhythmus aller Melodien und Tänze wie ein Vogel über den Boden gleiten, dann wissen wir, was Zen wirklich bedeutet, und können uns auch wieder den klassischen Zenübungen widmen und sie nach und nach vertiefen. Wer mit aller Leidenschaft Samba tanzen kann, kennt auch den Zenweg.

Ryokan kann nicht schlafen

Oft sitzen der Mond und ich zusammen –
die ganze Nacht.
RYOKAN

So wie sich am Morgen das Tor zur Welt des Nachtbewusstseins langsam geschlossen hat und wir ins Tagbewusstsein treten, so geschieht es zur Nacht in umgekehrter Weise. Am besten sind wir darauf vorbereitet, wenn wir unseren Abend mit einer Meditation und einer beruhigenden Tasse Tee an unserem Meditationsplatz ausklingen lassen und uns liebevoll von den Menschen, mit denen wir zusammenleben, für die Nacht verabschieden.

Bräuche muss es geben, sagt der Fuchs zum Kleinen Prinzen. Erfinden wir ein Ritual vor dem Schlafengehen, und führen wir es täglich durch, ganz gleich, zu welcher Zeit wir ins Bett gehen. Unser Geist und unser Körper werden dies mit der Zeit verstehen und sich danach richten.

Lassen wir im Bett den Tag nochmals an uns vorübergleiten. Verweilen wir bei den schönen Momenten. Üben wir uns in der Kunst, mindestens drei Situationen in unserer Erinnerung lebendig werden zu lassen. Vielleicht schreiben wir sie in unser Tagebuch. Dann konzentrieren wir uns auf unseren Körper, registrieren, wie wir liegen, spüren, wo wir die Matratze berühren und wie die Bettdecke unseren Körper umhüllt. Dann lenken wir die Konzentration auf unsere Körpermitte und beobachten unseren Atem. Sinken wir bei der Ausatmung tief in die Matratze, weiter in den Boden des Zimmers, bis in den Grund des Hauses, immer tiefer und tiefer, bis in die Erde hinein. Dort finden wir im Schoße der Mutter Erde das verwunschene Märchenschloss unserer Kinderzeit.

Langsam schließt sich das Tor zur Welt des Tagbewusstseins, und wir treten in die Welt der Träume ...

Manchmal aber will und will sich dieses Tor nicht schließen – und wir können einfach nicht einschlafen. Wie gut können wir dann die Klage des Zen-Meisters Ryokan nachvollziehen: *Hellwach, heut' Nacht ist mir Schlaf nicht möglich!*

Durch das elektrische Licht können wir heute die Nacht zum Tag machen. In den Großstädten gibt es keine Dunkelheit und keine Ruhe mehr. Viele Menschen, die aufs Land fahren, um dort Urlaub zu machen oder in einem Meditationszentrum an einem Kurs teilzunehmen, wundern sich, wie still und wie dunkel die Nacht ist und wie hell und klar die Sterne am Firmament leuchten.

Das ist so ungewohnt für sie, dass sie sich anfänglich vielleicht sogar fürchten und noch schlechter schlafen als zu Hause.

Aber auch auf dem Lande finden wir Schlafprobleme bei Menschen, die durch den unmenschlichen Arbeitsrhythmus der Schichtarbeit gezwungen sind, mal am Tage, mal in der Nacht zu schlafen. Was aber ist zu tun, wenn wir die äußeren Bedingungen nicht verändern können, die einem normalen, gesunden Schlafrhythmus förderlich sind? Medikamente sind sicher kein Ausweg. Wir üben einfach Zen.

Gibt es einen besonderen Zenweg beim Nicht-schlafen-Können? Der Zenweg ist kein Allheilmittel für jedwedes Problem und Alltagswehwehchen. Ein wichtiger Grundsatz des Zen ist, die Dinge so zu akzeptieren, wie sie sind. Wenn wir uns also schlaflos in unserem Bett herumwälzen, ist es sicher hilfreich, wenn wir aufhören, gegen die Schlaflosigkeit anzukämpfen, und sie statt dessen zunächst einmal akzeptieren – wenn wir nicht in Selbstmitleid oder Wut verfallen, sondern daran denken: Zen ist auch der Weg der Tat! Tun wir etwas!

Dann vermag uns der von Schlaflosigkeit heimgesuchte Ryokan Anregungen geben, der in vielen Gedichten die Nächte beschreibt, in denen er nicht schlafen kann.

Ich kann nicht schlafen,
gehe hinaus in den Wald.
oder
Ich habe meinen abgenutzten Pinsel
aufs Papier gesetzt.
oder
Ich zünde ein Räucherstäbchen an,
setze mich nieder zur Meditation,
streiche mein Kissen glatt
und lasse die Gedanken treiben.

oder

In dieser Welt,
gäbe es jemanden
mit verwandtem Geist –
wir könnten plaudern,
die ganze Nacht hindurch,
in meiner kleinen Hütte.

Leider ist es für Menschen, die in der Stadt leben, keine so angenehme Vorstellung, nachts durch die Straßen zu gehen. So etwas scheint am ehesten noch auf dem Lande möglich; Stadtmenschen aber müssen dann auch erst noch ihre Ängste vor einem nächtlichen, durch den Mond erleuchteten Wald mit seinem geheimnisvollen Licht- und Schattenspiel verlieren. Diese Möglichkeit müssen wir vielleicht für uns ausschließen und nach weiteren Zenwegen suchen, um situationsgerecht zu handeln: »Ich habe meinen abgenutzten Pinsel aufs Papier gesetzt.« Ja, das scheint schon eine bessere Idee zu sein. Akzeptieren wir, dass wir nicht schlafen können. Gehen wir dann den Weg der Tat! Nehmen wir das Schreibzeug vom Nachttisch, und schreiben wir Gedichte oder phantastische Märchen. Wir können auch Zeichen- oder Malutensilien nehmen und uns auf diese Weise kreativ ausdrücken.

Vielleicht sind wir aber nicht künstlerisch veranlagt. Dann können wir auch beruhigende Musik hören oder ein Buch lesen. Hören wir auf, uns darüber zu ärgern, dass wir nicht schlafen können. Phantasieren wir nicht darüber, wie müde und unausgeschlafen wir am nächsten Morgen sein werden.

Wir können auch aufstehen und etwas im Haushalt tun, zum Beispiel Hemden bügeln. Warum nicht? Wer bestimmt denn, dass wir nur am Tage Hemden bügeln oder Knöpfe annähen sollten und nicht nachts? Es gibt viele Tätigkeiten im Haus, die leise genug vonstatten gehen, so dass Familienmitglieder oder Mitbewohnerinnen nicht gestört werden. Unter Umständen gibt es Hausarbeiten, die uns in der Stille der Nacht sogar mehr Spaß machen als am Tag. Seien wir erfinderisch.

In klaren Nächten gehe ich mit meinem Stab hinaus
und singe Gedichte.

Tagsüber breite ich Stroh aus und halte ein Nickerchen.
Wer sagt, nicht viele könnten ein solches Leben führen?
Folgt einfach meinem Beispiel.
RYOKAN

Wir können natürlich auch im Bett liegen bleiben und meditieren. Dazu legen wir uns auf den Rücken, schieben das Kopfkissen weg, halten die Hände auf dem Bauch und beginnen, unseren Atem zu beobachten, wie auf Seite 28-30 beschrieben. Wir lassen unsere Gedanken einfach treiben, und vielleicht schaffen wir es, angenehme Gedanken in Träume zu verwandeln.

Zwei Seiten hat die Wirklichkeit

Vor unserer Meditationshalle hier in der Eifel steht eine Hortensie. Als sie uns geschenkt wurde, hatte sie wundervolle große weiße Blüten. Jetzt haben die Blüten einen grau-grünen Schimmer. Wir finden auch dies sehr schön, aber andere halten die Hortensie in ihrer weißen Blütenpracht für schöner und machen uns Vorschläge, wie wir die weißen Blüten erhalten können. Andere wieder raten zu einer Radikalkur: Die Blüten abschneiden! Dazu eine Mineraldüngung, damit bei der zweiten Blütezeit in diesem Jahr das wunderschöne einmalige Blau der Hortensien hervortritt. Wieder andere finden die Rosablüte am natürlichsten. Jeder hat so seine Vorstellungen von Hortensienpflege und Hortensienschönheit. Und das ist gut so. Denn je mehr Menschen die Hortensie betrachten und sich ihre Meinung bilden, um so lebendiger und vielfältiger wird sie. Alle Meinungen werden und sind ein Teil der Hortensie. Je mehr Meinungen über die Pflanze bestehen, um so größer wird sie. Keine dieser Ansichten enthält die absolute Wahrheit. Keine aber ist falsch, und keine muss abgelehnt werden. Dies würde die Vielfältigkeit der Hortensie einschränken. Jeden Morgen hat sie sich ein wenig verändert. Vor vier Wochen blühte sie weiß, jetzt grün, in vier Wochen ist sie verblüht, wie wird die Farbe ihrer zweiten Blüte sein? Die Wahrheit ist nur in der Vielfältigkeit und im ständigen Wechsel des Lebens zu finden.

Wie denkt die Hortensie eigentlich über sich selbst? Ihre Meinung gibt sie nicht preis. Sie lässt uns die Freiheit unserer Meinung. Sie blüht für uns, für jede und jeden anders. Sie hat kein festgelegtes Ich und besteht nicht darauf, dass wir ihre Ansicht akzeptieren. Sie lebt und ist groß in der Vielfältigkeit der Ansichten. Sie macht keinen Unterschied zwischen den Meinungen. Was ist besser, was ist schöner: weiß, grün, blau oder rosa. Sie blüht einfach.

Wir sollten uns an ihr ein Beispiel nehmen: Für manche Menschen sind wir eine kostbare weiße Hortensie. Andere sehen in uns die tüchtige, verlässliche Hortensie, die durch ständige Mineraldüngung ihre makellose blaue Farbe leuchten lässt. Vielleicht sind wir für unsere Nachbarin und den Bäcker von nebenan eine ganz normale, gewöhnliche rosa Hortensie. Manche übersehen uns auch einfach, vielleicht weil sie keine Blumen mögen oder weil sie zu sehr in ihre Gedanken versponnen sind. Dann sind wir manchmal die grüne Hortensie, wenn wir müde, ohne Kraft und Energie oder wenn wir krank sind. Und irgendwann werden die Blütenblätter trocken und färben sich braun – die Zeit des Alters.

Konservieren wir nicht unsere Meinung über uns selbst. Und lassen wir die anderen Menschen Betrachter unseres Wesens sein. Unsere Ich-Vorstellung ist oft so »eingeweckt« wie Kirschen in einem Einmachglas. So sind wir, so bleiben wir, so bewegen wir uns: luftdicht konserviert. Das bin ich: Schaut her. Andere Meinungen über mich sind falsch! Oft verschließen wir uns vor den Ansichten der anderen. Nur unsere Wahrheit über uns zählt. Wir sind tief verletzt, wenn wir merken, dass andere etwas anderes in uns sehen. Ach, könnten wir leben wie die Hortensie und so viele Meinungen über uns zulassen, wie wir Menschen am Tage treffen. Könnten wir spüren, wie lebendig und vielfältig wir dadurch werden, wie unsere Persönlichkeit dadurch wachsen und wachsen kann. Sprengen, öffnen wir das Glas. Befreien wir uns aus dieser Enge. Wir werden die Freiheit eines vollen Lebens spüren mit allen Ecken, Kanten und Rundungen.

Frei sein bedeutet, von Moment zu Moment zu leben, wie der Augenblick es verlangt, und für alle Meinungen und Ansichten anderer Menschen über uns offen zu sein. Sie zu registrieren, alle in voller Gleichwertigkeit, ohne Furcht, dass unser Ich darunter leidet. Andere Überzeugungen sind meinen gegenwärtigen Ansichten ebenbürtig. Lassen wir sie zu. Wir werden erleben, wie frei und ungebunden und ungeniert es sich leben lässt.

Auch unserer Liebesbeziehung wird es gut tun, wenn unser Partner frei seine augenblickliche Meinung über uns äußern darf, ohne dass wir sofort »aus dem Häuschen« sind. Wie erfrischend, wie vielfältig, wie abwechslungsreich, wie interessant sind doch die Vorstellungen der anderen Menschen über uns. Nehmen wir uns nicht selbst die Luft zum Atmen, zum Werden und Wachsen, indem wir unser Ich in einem Glas konservieren und nur durch dieses Glas die Welt der anderen betrachten. Dann können wir nicht hören, nicht riechen, nicht fühlen und nicht schmecken, welches Bild andere von uns haben. Öffnen wir das Glas – lernen wir, uns frei in der Meinung der anderen zu bewegen, und wir können so unser Leben inmitten dieser verschiedenen Ansichten genießen.

Leichtigkeit – Ausdruck des Zen

Die Leichtigkeit des Lebens schließt die Schwere des Lebens mit ein und umgekehrt. In der Dualität, in der wir Menschen leben, kann das eine nicht ohne das andere sein. Es kommt darauf an, dass wir beides sehen, erkennen und akzeptieren.

Es gibt eine Zengeschichte über einen Mann, der auf seinem Weg an einem Abgrund ausrutscht. Er kann sich gerade noch mit den Händen an einem Ast festhalten und baumelt in der Luft. Er atmet auf. Gerettet! Da sieht er eine wunderschöne rote reife Himbeere. Er strahlt und langt hin ...! Die Leichtigkeit des Lebens und ihr Abgrund!

Die Kunst, im Angesicht des Abgrunds zu leben und gelassene Heiterkeit zu bewahren, ist Teil der Zenübung. Sie kann nach vielen Jahren zur selbstverständlichen inneren Haltung eines Menschen werden.

Unsere Kultur propagiert fortwährendes *keep smiling* und »positives Denken«. Wir wollen keinen Kummer, keinen Schmerz, kein Leid, keine Wut, keinen Ärger, keine Krankheit, keine Einsamkeit, keine Erfolgslosigkeit, keine Trennung, keine Tränen und natürlich keinen Tod. Wir wollen nur Positives, nur Spaß, wollen nur Fröhlichkeit, Wohlergehen, Gesundheit, Freunde und Freundinnen, Geborgenheit, Anerkennung, Erfolg, Genuss und natürlich ewiges Leben ... oder wenn es denn nicht anders geht, die Wiedergeburt auf Erden oder im Himmel!

Alles in unserer Gesellschaft ist auf dieses einseitige Habenwollen gerichtet. Die Kehrseite wird verdrängt. Dadurch fehlt aber auch die Balance, die Ausgewogenheit des Lebens zwischen positiv und negativ. Ein lebenswertes Leben darf kein Scheitern mehr und keinen Abgrund, in den man wegen einer reifen Himbeere fällt, beinhalten. Wir haben unser Gleichgewicht verloren, und deswegen schlägt unser Gefühlspendel in solchen Extremen aus: von Depression zu ausgelassener Glückseligkeit.

Die Balance aber können wir wieder finden, wenn wir bereit sind, neben der hellen auch die dunkle Seite des Lebens anzunehmen.

Licht und Dunkel
stehen einander gegenüber,
doch das eine hängt ab vom anderen
wie der Schritt des rechten Beins
von dem des linken.
MEISTER SHIH-T'OU HSI-CH'IEN (JAP.: SEKITO KISEN, 700 – 790)

Ein Leben in heiterer Gelassenheit entsteht durch die Harmonie aller Gegensätze, zwischen *Yin* und *Yang*, Frau und Mann, Sonnenschein und Regen. Wenn es nur regnet, gibt es Überschwemmungen, während permanenter Sonnenschein den Hunger der Wüste bringt. Es ist nicht möglich, nur Spaß am und im Leben zu haben, aber der Weg des Zen besteht auch nicht darin, ein grausames Leben auszuhalten. Zen kann uns auch zu dem Bewusstsein führen, dass dunkle Wege Grenzen und ein Ende haben müssen.

Einst kam eine Frau in ein Zenzentrum und bat um Unterweisung, damit sie ihr Leben ertragen und aushalten könne, so wie ihre Kinder und ihr Mann es wünschten. Es gab seit vielen Jahren in dieser Familie zwischen Mann und Frau kein Gespräch mehr. Um die Funkstille zu überlagern, wurde das Radio angestellt. Diese Frau hielt ihre Situation im Pflichtbewusstsein ihren Kindern gegenüber viele Jahre lang aus. Sie erhoffte, dass Zen ihr mehr Gelassenheit und »Ausdauer« für ihre Situation geben würde. Als sie sich immer mehr in Zen vertiefte, erkannte sie aber, dass diese wirklich nicht mehr lebbar für sie war. Leider war ihre Schlussfolgerung nicht, das für sie Unerträgliche zu verändern, sondern sie hörte mit der Zenübung auf.

Das Leben muss beide Aspekte – das Leichte wie das Schwere – beinhalten. Es kann ein mühevoller Weg sein, deshalb braucht man im Zen auch Disziplin und Stetigkeit. Dann stellt sich gelassene Heiterkeit auf Dauer von selbst ein. Wir lernen, die Grenzen der Gegensätzlichkeiten zu erkennen, und erfahren, dass die Wahrheit des Lebens nur im ständigen Wechsel des Lebens zu finden ist.

Gelassenheit ist eine Lebenshaltung, die wir gut in der Natur beobachten können, zum Beispiel bei den Schafen oder Kühen: Sie warten mitten in Regen und Sturm ruhig und gelassen in eine Richtung schauend, unbeweglich und mit Zuversicht das Ende des Unwetters ab. In der Mittagsglut hingegen begeben sie sich im Schatten eines Baumes zur Ruhe.

Der Heitere übt auf leichte Weise, das Schwere zu ertragen, ohne es zu ignorieren. So kann sich die Fülle des Lebens entfalten. Wir haben gute und schlechte Zeiten, gute und schlechte Eigenschaften. Wir vollbringen gute und schlechte Taten. Im Zen geht es um das Bewusstwerden und Annehmen *aller* Aspekte unseres Lebens: der schönen und der häßlichen. Dann entfällt das absolute Pflichtbewusstsein und die nachträgliche Schuld und Reue. Der Todesflug der Kamikaze-Piloten ist kein Zenweg, sondern ein militärischer, für den Zen missbraucht wurde. Die Gelassenheit in allen Lebenslagen führt nicht in eine selbstgewählte, absolute Zwangslage. Hingegen kann Zen in der absoluten Hoffnungslosigkeit den Blick auf eine lebenswerte Existenzmöglichkeit lenken.

Ideen und Gedanken,
was gut ist – was schlecht –
alles nur Spuren
deines eigenen Ich.
Niemand hat Feinde,
nicht bei der Geburt.
Du schaffst sie dir selbst,
im Streit um Gut und Böse.
Du allein hast dir das angetan –
das nennt man Ichbezogenheit.
BANKEI

Wir sind ein Teil der Erde

Wenn du einem Unheil begegnest,
ist es gut, dem Unheil zu begegnen.
Dies ist die wunderbare Weise,
dem Unheil zu entrinnen.
RYOKAN

Ergeben wir uns gelassen dem Wind

Einsamkeit, Schmerz, Krankheit, Trauer und Dunkelheit gehören zum menschlichen Leben, und auch Zen schützt uns nicht vor Krankheiten. Doch Zen kann uns einen Weg zeigen, wie wir mit der Krankheit leben können, ohne von ihr erdrückt zu werden, und wie wir, wenn wir in hoffnungsloser Verzweiflung sind, den Weg des Lebens weitergehen können. Oder wie wir, an einem Krankenbett sitzend, anderen helfen können, ihren Weg zu gehen.

Sind wir mit einer Krankheit konfrontiert, so gibt der auch oft von Krankheiten geplagte Ryokan den Zen-Rat: »Ergib dich gelassen dem Wind.« Die Dinge sind, wie sie sind. Wenn auf dem Meer des Lebens ein Sturm ausbricht, ziehen wir die Segel unseres Lebensschiffes ein, begeben uns in die Kajüte und lassen uns dann hellwach und achtsam jeder Handlung, jedes Schrittes und jedes Gedankens bewusst, einfach treiben. Akzeptieren wir den Sturm. Gehen wir mit ihm mit. Kämpfen wir nicht gegen ihn.

Bleiben wir aber dabei; verdrängen wir nicht, dass es uns nicht gut geht. Beobachten wir unseren Körper und seine Reaktionen. Lernen wir seine Wünsche für den Heilungsprozess kennen und gehen wir ohne Kompromisse darauf ein. Nicht unser Verstandeswille, sondern unser Körper sollte unsere Handlungsmöglichkeiten, unsere Ruhe und Entspannungsphasen und unsere Zeiten der Aktivität bestimmen. Hadern wir nicht mit unserem Körper. Kommen wir ihm voller Respekt und Ehrfurcht entgegen. Er wird uns den Weg zur Gesundheit weisen. Er weiß ihn. Er arbeitet daran. Er mobilisiert bereits alle inneren Kräfte, noch bevor wir wissen, dass wir krank sind. Wir müssen nur mitmachen. Ein kranker Körper braucht Ruhe, damit er alle Energien für den Heilungsprozess einsetzen kann. Deshalb ist er auch meist für eine spezielle Diät dankbar. Eine Kost, die den Körper nicht belastet und ihm in hohem Maße die Nährstoffe zuführt, die er zum Heilwerden benötigt. Heute gibt es für fast alle Krankheiten spezielle Diäten, die dem Heilungsprozess förderlich sein sollen. Machen wir uns sachkundig, und halten wir die für uns geeignete Diät auch konsequent ein, nicht nur für ein paar Tage oder eine Woche, sondern mindestens so lange, bis der Körper wieder gesund ist.

Gönnen wir unserem Körper und unserem Geist in Zeiten von Krankheit viel Ruhe und geregelte Zeiten der Anspannung. Lassen wir alle Wünsche und unnötigen Bedürfnisse los. Akzeptieren wir, und lassen wir uns treiben. Durch Fragen wie *Warum gerade mir? Warum gerade jetzt?* stellen wir uns mit unserem Geist gegen unseren Körper. So entsteht statt eines Einswerdens und eines Heilwerdens nur Diskrepanz und Kampf zwischen Geist und Körper. Dies aber kostet uns die Energie, die der Körper zum Prozess der Heilung bräuchte.

»Spüle deine Schale«, sagt der Ch'an-Meister Chao-chou. Das heißt: Reinigen wir den Geist von allen Forderungen an die Zukunft unseres Lebens, reinigen wir den Geist von allen unbewältigten Vergangenheitserlebnissen. Die Dinge waren nun einmal so, wie sie waren. Auch tausend Gedankenvorstellungen, wie es hätte anders sein können, ändern nichts mehr an den Tatsachen. Akzeptieren wir das Unabänderliche, und lassen wir unser Lebensschiff vom Winde treiben. Wir werden sehen: Es treibt uns in einen wunderbaren Hafen. Wir können einfach nicht von unserem Lebensschiff herunterfallen. Wir können nicht aus unserem Leben, aus dem Sein herausfallen. Wir beide sind untrennbar miteinander verbunden. Nur der Hafen, dem wir zusteuern, kann uns unbekannt sein. Vielleicht ist es eine Insel, auf der wir erst einmal in Einsamkeit und Ruhe neue Lebensziele finden und formulieren können. Vielleicht treibt unser Schiff uns zu einer großen Herausforderung, und wir werden die Erfahrung machen, dass wir es schaffen und wirklich Meister oder Meisterin unseres Lebens sind und sagen können: »Das habe ich allein geschafft!« Dies wird uns stärken. Der Philosoph Immanuel Kant sagt: »Alle Stärke wird durch Hindernisse erkannt, die sie bewältigen muss.« Vielleicht aber treibt unser Lebensschiff uns auch in den Hafen des Lebensgenusses. Vielleicht hatten wir vergessen, was uns gut tut, haben wir uns zu wenig Zeit für unsere eigenen Lebenswünsche und für die schönen Seiten des Lebens genommen. Krankheit ist immer auch ein Tor zum Heilwerden.

Mit heilenden Lauten zu experimentieren ist auch eine gute Möglichkeit, den Heilungsprozess in unserem Körper zu fördern. Im Mantra *Om mani padme hum* (»O, Juwel des Lotos!«) finden wir fünf heilende Vokale: Das »U« ist der Laut unseres Urgrundes, unserer Verwurzelung, aus der wir unsere Nahrung schöpfen. Das »O« ist der Laut unserer Körpermitte, in der ein gesunder Geist in Gelassenheit ruht und von wo sich unsere Energie ausdehnt und zusammenzieht, die Mitte unseres Wesens. Das »A« ist der Laut des Herzens, der Liebe und des Mitgefühls mit uns selbst und allen lebenden Wesen und Existenzen. Das »E« ist der Laut der Schilddrüse, die Verbindung zwischen Rumpf und Kopf, zwischen Körper und Geist. Und das »I« ist der Laut im Kopf, an unserem Scheitel, die Verbindung zum Himmel, zur Freiheit des Lebens und der Entscheidungen.

Ganz sicher spüren wir beim Rezitieren des Mantra *Om mani padme hum*, welche Laute leicht, frei und unverkrampft in unserem Körper vibrieren und welche nicht. Akzeptieren wir dies, und üben wir täglich mehrmals, dieses Mantra laut jeweils drei Mal hintereinander zu rezitieren.

In der chinesischen Medizin heißt es, dass das rhythmische Fließen des Urlautes *Su* mit dem Atemrhythmus und dem Fluss des *Ki* uns Heilung bringt. Wenn der Fluss des *Ki*, der Lebensenergie, blockiert ist, wird in der traditionellen chinesischen Medizin Akupunktur angewendet, um diesen Fluss wieder in Bewegung zu setzen. Wenn das *Ki* stark und ungehindert fließen kann, so sind wir bei guter Gesundheit. Wenn das *Ki* schwerfällig und schwach ist, so sind wir krank.

Ki ist die subtile Energie, die das Universum antreibt, die Lebenskraft, die die Dinge zusammenhält. Es ist unlöslich verbunden mit dem kosmischen Atem, strahlt diesen universellen Atem aus. Dieser Atem wiederum ist die lebende Kraft, die das *Ki* aktiviert. Alles in dieser Welt atmet in der einen oder anderen Form. Wenn wir in Übereinstimmung mit dem Kosmos atmen, werden wir durchdrungen von der Atemkraft. Dann sind wir heil. Deshalb lenken wir die Achtsamkeit auf unseren Atem und auf die kranke Körperstelle. Dies führt uns in den gegenwärtigen Augenblick zurück und bringt uns in Berührung mit dem Heilenden, dem Erfrischenden, mit der Lebensfreude und der Energie in uns und um uns herum.

Zen ist der Weg des Gleichklangs aller Dinge in uns, der Weg der Harmonie. Alle Dinge, alle Gegensätze sind in uns, auch Gesundheit und Krankheit. Versuchen wir, mit allen Gegensätzen ins Gleichgewicht zu kommen. Meditieren wir, beobachten wir unseren Atem, lassen wir die Schwingungen der heilenden Laute bewusst durch unseren Körper wandern. Öffnen wir unsere Energiepunkte und all unsere Sinne, ruhen wir in unserer Mitte, und dann lassen wir unserem Geist die Freiheit, sich zu bewegen.

Gesundheit kann definiert werden als Harmonie zwischen Körper und Geist. Zen ist ein Weg zu dieser Harmonie, denn es wirft ein Licht auf alle Dinge, bringt den Geist zur Ruhe, bündelt unsere Kraft und Energie, lässt so Lebensfreude zu und zeigt dadurch einen Weg, den Körper zu heilen. Ist der Körper krank, wird der Geist unruhig – ist unser Geist traurig, überfordert oder sorgenvoll, äußert der Körper dies in seinen Symptomen.

Stellen Sie sich Ihren Körper vor, wie er gesund und munter durch die Landschaft geht. Wie leben Sie dann? Richten Sie sich innerlich und im Geiste in einem gesunden Körper ein. Geben Sie diese Signale an Ihren Körper. Geist und Körper werden es annehmen. Bedenken Sie immer wieder: Unser Körper ist ein wundervolles Geschenk. Durch seine liebevolle und pflegliche Behandlung unterstützen Sie seine Gesundheit und vitalen Energien. Seien Sie so gut zu sich wie eine liebende Mutter zu ihrem kranken Kind.

Vielleicht ist ein Mensch schwer krank, den wir sehr lieben und schätzen. Wenn wir ihn besuchen, müssen wir darauf achten, unsere ganze Ruhe, unseren Frieden und unser Akzeptieren seiner Krankheit mitzubringen. Wir können ihn ohne viele Worte spüren lassen, dass wir da sind, und unser Mitgefühl zum Ausdruck bringen. Dann setzen wir uns zum Beispiel zur Nachtwache an sein Bett und meditieren, nehmen unseren Atemrhythmus wahr und den des Kranken. Versuchen wir, einen Einklang herzustellen. Atmen wir gemeinsam. Sonst nichts. Wenn wir ruhig atmen, wird auch der Kranke ruhiger und gleichmäßiger atmen. Sind wir dagegen aufgeregt in Körper und Geist, hektisch, nervös, emotional zu aufgewühlt, und betreten dann das Zimmer des Kranken, so wird auch er leicht unruhig. Er spürt noch viel subtiler als wir selbst, wie es um uns gestellt ist. Gelassene Ruhe am Krankenbett trägt auch zur Heilung bei.

Garten des Lebens

Wir alle bemühen uns, aus unserem Leben einen wunderschönen Garten zu machen. Wir erfreuen uns unserer Jugend, gehen hinaus in die Welt und gewinnen neue Eindrücke von Menschen, Kulturen, Regionen und Landschaften. Wir erlernen einen Beruf, tun uns mit einem anderen Menschen zusammen, gründen vielleicht eine Familie und ziehen Kinder auf. Wir pflegen Freundschaften und genießen die schönen Dinge des Lebens. Diesen Garten unseres Lebens beschreibt Ryokan so:

In meinem Garten
habe ich Buschklee gezogen,
Suzukigras,
Veilchen, Löwenzahn,
blühende Seidensträucher,
Bananenpflanzen, Winden,
Wasserdost, Astern,
Dreimasterblumen, Taglilien:
Morgens und abends
habe ich liebevoll für sie alle gesorgt,
habe sie gegossen, gepflegt,
vor der Sonne geschützt.
Jeder hat meine Pflanzen gelobt.

Aber dann plötzlich, unerwartet, kommt das Unwetter über uns: Krankheit, Tod, Unfall, Trennung, Arbeitslosigkeit. Der Garten wird zerstört:

Aber am 25. Mai,
bei Sonnenuntergang,
kam schrecklich heulend
ein tobender Wind,
schlug und riss meine Pflanzen;
Regen schüttete hernieder,
hämmerte die Reben und Blumen
in die Erde.

Wir schreien auf wie Ryokan, bäumen uns auf gegen das Geschehene:
Das war so schmerzhaft,
doch wir wissen, es gibt keinen Ausweg:
aber als das Werk des Windes
muss ich es sein lassen ...

Nach Tagen der Trauer, der Einsamkeit und der Verlassenheit schreibt Ryokan:

Um meine Hütte herum
habe ich Pflanzen und Blumen gezogen,
Jetzt ergebe ich mich
dem Willen des Windes.

Der tobende, heulende Wind zieht über das Land und über unser Leben dahin, weil es sein Wesen ist, zu heulen, zu toben und zu zerstören. Der Zenweg beschönigt nichts, es *gibt* den 25. Mai, an dem ein schrecklich heulender, tobender Wind kommt. Meist fragen wir uns: Warum wird gerade *mein* Garten zerstört, warum muss *ich* das Unglück erleiden, aber es gibt kein »warum gerade ich«. Wir sind Teil der Erde. Der laue Frühlingswind bringt sanften Mairegen, und das Gewitter bringt brausenden Sturm und blumenzerstörenden Platzregen.

Der Wind aber ist vollkommen absichtslos in seinem Tun. Er kommt einfach aus dem Westen und zieht über uns hinweg nach Osten. Dass wir zufällig dort gerade unser Heim und unseren wunderschön blühenden Garten mit viel Liebe und Mühe aufgebaut haben – was kann der Wind dafür? Er hatte nicht vor, unser Heim zu zerstören. Der Wind ist einfach nur Aktivität.

Woher kommt der Wind? Wohin geht er? Woher kommt unser Leben? Wohin geht es? Wir versuchen immer wieder, mit unserem Verstand diese Frage zu erfassen, aber wir kommen damit niemals weiter. Alles geschieht so, wie es geschieht auf dem Zenweg: Es geschieht, Augenblick für Augenblick.

Leben und Tod sind die zwei Seiten einer Medaille. Wenn es keinen Tod gibt, gibt es auch kein Leben. Wenn es aber Tod gibt, gibt es auch Leben. In Bewegung, Wellen, Wandlung, Veränderung oder Verwesung vereinen sich Geburt und Sterben, Bewegung und Ruhe, Form und Leere. Geburt und Tod gehören zu unserem Leben. Durch die Übung der Achtsamkeit, kann uns bewusst werden, dass es dem natürlichen Kreislauf entspricht, dass jeden Moment Leben geboren wird und Leben stirbt.

Auch wir Menschen sind Teil der Natur und somit Verwesung, Verfall und Sterben ausgesetzt. Statt ein Stück Erde zu kaufen, zu besitzen und zu verkaufen, sollten wir wieder mit unseren Händen in der Erde buddeln und den »Staub, aus dem wir gemacht sind und zu dem wir wieder werden«, durch unsere Finger rieseln lassen und fühlen, wie warm und weich er ist, seinen erdigen Duft in unsere Nase strömen lassen. Wir sollten die Süße der Erdbeere schmecken, uns an dem leuchtenden Rot erfreuen und ihren köstlichen Duft riechen. Sie ist aus Erde entstanden, aus dem Staub, zu dem auch der Mensch wieder wird.

Wir Menschen sind ein ganz normaler Teil der Natur, nichts Außergewöhnliches, nichts Besonderes. Auch wir existieren in der Bewegung und können im Beobachten unserer Bewegungen, die Bewegung des Berges und die Geburt des Sommers erleben. Wenn die Rosen duften, ist es Sommer. Wenn die Blätter von den Bäumen fallen, ist es Herbst.

Dann »bringt der Wind genug abgefallene Blätter, um Feuer zu machen«, sagt Ryokan. Das Feuer bringt Wärme. Die Wärme steigt hoch und bringt Regen. Die Regentropfen sammeln sich zu Bächen und Flüssen. Die Flüsse treffen sich alle im Meer.

Die Natur unserer Erde bringt allen Lebewesen alles, was sie brauchen, wenn sie sich in den Kreislauf dieser Erdennatur fügen.

Auch wir Menschen gehören dazu. Auch uns bringt die Natur alles, was wir brauchen, wenn wir nur mit ihr fließen und sehen, dass wir selbst Teil des Wassers und Teil der Erde sind und uns im Rhythmus der Natur bewegen wie die Raupe und der Schmetterling.

»*Was der Raupe das Ende der Welt ist, nennt der Rest der Welt Schmetterling.*« (Lao-Tse)

Lernen wir von der Natur. *Erleuchtete Sicht* ist in den Schmetterlingen und Blumen, in den Bäumen und Gräsern, in den Bergen und Steinen und in der Erde und den Samen zu finden. *Erleuchtete Sicht* ist in den Wolken und im Wind, im Vollmond und in der Katze und im Wasser und in den Fischen zu finden. Deshalb sollten wir unseren Hund oder unsere Katze bitten, unser Zenlehrer zu sein. Deshalb sollten wir die blühende Kamelie auf der Fensterbank, die verwelkte Hortensie auf dem

Balkon oder die duftende Rose im Garten bitten, unsere Zenmeisterin zu sein. Deshalb sollten wir den Ahorn im Stadtpark oder den Löwenzahn am Straßenrand bitten, unser Lehrer zu sein. Deshalb sollten wir den Bach bitten, unser Zenmeister zu sein, und es dem Wasser gleichtun: nachgiebig und weich zu fließen.

Warum machen wir uns Sorgen um richtig und falsch, um gestern und morgen, um gute Zeiten und schlechte Zeiten. Verschwenden wir keine Zeit an törichte Gedanken, und lassen wir uns von unserem Lebensfloß treiben. Wenn der Regen aufgehört hat, werden die Wolken und der Wind davonziehen, und das Wetter wird wieder klar.

Gib diese fließende Welt hin,
gib dich selbst hin.
Mond und Blumen
werden dich auf deinem Weg begleiten.

Ist es wirklich so schlimm, wenn die Wurzeln des Birnbaums durch unseren Sarg brechen und wenn der Birnbaum seine Blüten und Früchte auf unser Grab wirft?

Zenrituale

Ohne Titel und ohne Kittel

Ohne Titel, ohne Kittel
sitz ich hier vor euch.
Bin nicht Christ, nicht Buddhist
und auch nicht Atheist.
Im Zen sind wir ein Nichts

Trage alle Titel dieser Welt
und einen Kittel mit zehntausend Flicken.
Bin mal Christ und mal Buddhist
und auch mal Atheist.
Im Zen ist nichts als prall gefüllte Leere.

Wenn wir Zen üben möchten, sollten wir es in dieser offenen Geisteshaltung tun. Das heißt, dass wir den Mut zur Selbständigkeit und Eigenverantwortung auf dem spirituellen Weg des alltäglichen Lebens und Handelns entwickeln. Gute Lehrende zeigen ihren Schülerinnen und Schülern diesen Weg und begleiten sie behutsam. Sie verlangen keine kritiklose Unterordnung, keine Hörigkeit. Sie haben Respekt vor der Würde eines jeden Menschen. Der Mensch mit Eigenverantwortung, der seine eigene Würde kennt und zu leben vermag, wird auch der Würde des anderen mit Ehrfurcht begegnen.

Alle Lehrmeinungen und Theorien, seien sie nationaler, politischer, sozialer, kultureller oder religiöser Art, sind vorläufig und unbeständig, aber unserer Achtung wert. Unser derzeitiges Wissen enthält keine absolute Wahrheit. Andere Überzeugungen sind unseren Ansichten ebenbürtig. Auf der Erde und im ganzen Universum haben alle Wesen ein Recht auf ihre Existenz und unsere Wertschätzung. Alle Menschen haben ihre Würde, und alle Wesen haben auch im Rahmen dieser Würde ein Recht auf Fehlbarkeit. Das Leben ist eine Übung, das heißt, dass wir nicht vollkommen zu sein brauchen, hinsichtlich der einen oder anderen Vorstellung oder eines festgelegten Ideals.

Die zwei Seiten der Wirklichkeit

Zwei Seiten hat die Wirklichkeit. So gibt es im Zen neben dem Übungsweg im alltäglichen Tun auch den Weg der Zeremonien. Beide Seiten gehören zusammen, damit die Blüte, der Klang, der Geschmack, das Gefühl und der Duft des Zen sich in uns voll entfalten können.

Es gibt Zenrituale, die wir allein für uns vollziehen können. Es gibt Zenrituale, die wir gemeinsam mit gleichgesinnten Freundinnen und Freunden gestalten und durchführen können. Es gibt aber auch Zenrituale, die eine formellere Form in sich tragen. Für diese können wir ein Zenzentrum, ein Zenlaienkloster oder auch ein klassisches traditionelles Zenkloster aufsuchen.

Wege der Zenübung

Tägliches Zazen

Zazen bedeutet, in aufrechter Haltung auf einem Kissen sitzend zu meditieren und dabei zum Beispiel den Atem zu beobachten. Diese Übung ist bereits auf Seite 31-39 näher beschrieben.

Wir sollten, wenn möglich, täglich Zazen üben. Schenken wir uns diese Zeit der Einkehr, der Stille und Ruhe. In unserem ansonsten vielfach so hektischen Leben ist es enorm wichtig, dass wir für eine festgelegte Zeit Einkehr halten und uns mit unserem Wesen und der Ruhe in uns beschäftigen. Wir tun nichts anderes, als ruhig zu sitzen und unseren Atem zu beobachten; sind durch nichts gezwungen, uns nach außen darzustellen. So sammeln und bündeln wir unsere Energie und können sie später wieder in der Gestaltung unserer Umwelt einsetzen. Legen wir eine Zeit für Zazen fest. Wie bei allen Ritualen sollten wir bei ihrer Festlegung unsere Lebensumstände realistisch einbeziehen. Es kommt nicht auf die Tageszeit an. Es kommt darauf an, dass wir aus der Übung des Zazen eine tägliche Gewohnheit machen können. Eine berufstätige Mutter kann wohl kaum ein Gewohnheitsritual daraus machen, am Morgen eine halbe Stunde ungestört Zazen zu üben. Dies wäre eine Vorstellung, die sich angesichts der wirklichen Alltagssituation schnell als Illusion entpuppt. Ebenso kann kaum ein berufstätiger Mensch sich gegen Mittag aus seiner Arbeitswelt zurückziehen, um ungestört in seinem Büroraum Zazen zu üben. Suchen wir uns also von vornherein eine realistische Zeit aus. Eine Mutter oder ein Vater kann erst abends, wenn die lieben Kleinen im Bett liegen, in einiger Ruhe sitzen. Leben wir allein oder mit Partner oder Partnerin ohne Kinder können wir vielleicht morgens am besten üben. Beziehen wir aber auch mit ein, ob wir ein Morgen- oder Abendmensch sind. Wir wollen das Sitzen ja genießen, Kräfte bündeln und nicht ständig halb einschlafen. Haben wir eine Zeit gefunden und festgelegt, dann sollten wir uns auch mit einiger Disziplin daran halten, bis uns das Sitzen eine Gewohnheit geworden ist wie das Zähneputzen.

Es ist unserer Übung sehr förderlich, wenn wir den Rückzug in die Stille als Ritual gestalten. Suchen wir einen ruhigen, aber kraftvollen Platz in unserer Wohnung. Trennen wir ihn durch einen Paravent, einen Vorhang oder eine Jalousie optisch vom übrigen Raum ab. (Siehe auch Seite 97) Wir können auch einen Kreis um diesen Platz zeichnen oder legen: Dies ist nun mein persönlicher Kraftort, dies ist mein »geheiligter« Raum. Im Sommer kann es auch ein Platz im Garten oder auf dem Balkon sein. So oft wir diesen Raum betreten, verbeugen wir uns in Ehrfurcht; so oft wir ihn verlassen, verbeugen wir uns in Ehrfurcht. Wir betreten unseren Daseinsraum für die Zeit der Meditation, dem Besuch unserer Wesensnatur in Stille.

Ziehen wir bequeme Meditationskleidung an. Vielleicht möchten wir vor der Sitzmeditation zur Einstimmung eine Tasse Tee trinken. Schenken wir uns Tee ein, nehmen wir einen Keks dazu, und zünden wir eine Kerze an, eventuell auch ein Räucherstäbchen. Eine leuchtende Kerze ist wie das Licht in der Dunkelheit unseres Wesens. Die dunkle Seite in uns gebiert das strahlende, helle Licht unseres Wesens wieder und wieder. In unserer Schattenseite liegt das Gute in uns verborgen. In der Trauer liegt die Freude, in der Hektik die Gelassenheit, im Unglück das Glück. Wir müssen diesen kleinen Funken nur erkennen, ihn anblasen und in Achtsamkeit beobachten, bis aus dem kleinen Fünkchen ein großes, hellleuchtendes Licht geworden ist. Die dunkle Seite in uns möchten wir gern verleugnen, verneinen, verdrängen und verbergen. Damit aber nehmen wir uns die Möglichkeit, die lichten, sonnigen, warmen, freudigen, leichten Seiten in uns zu erkennen und zu voller Größe zu entfalten. Das Räucherstäbchen unterstützt unsere Achtsamkeit, nicht nur durch seinen angenehmen Duft, der unsere Nase streichelt, sondern auch durch seine Eigenschaften, unser Bewusstsein zu erweitern.

Setzen wir uns dann aufrecht auf unser Kissen, das Bänkchen oder den Stuhl: Nase senkrecht über dem Nabel, Mund und Augen parallel zu den Schultern. Verbeugen wir uns. Trinken wir in Achtsamkeit den Tee, und essen wir den Keks dazu. Sinken wir beim Ausatmen in unsere Mitte, und steigen wir bewusst mit der Einatmung aus unserer Tiefe hervor. Beobachten wir, wie es in uns atmet. Es ist hilfreich, eine kleine Meditationsuhr zu verwenden, die uns das Ende der von uns vorher eingegebenen Zeit leuchtend anzeigt. Ist das Ende angezeigt, so verbeugen wir uns. Bedanken wir uns durch eine weitere Verbeugung bei unseren Meditationsbegleitern: Blume, Kerze, Räucherstäbchen, Uhr, Teetasse und dem Raum. Jetzt können wir den Ort verlassen und unseren anstehenden Tätigkeiten nachgehen oder uns zur Ruhe begeben. Wir können das Ritual aber auch damit beenden, dass wir am Ende des Sitzens drei Mal das Mantra *Om mani padme hum* rezitieren. Stehen wir dann langsam und behutsam auf, und machen wir mehrere tiefe Verbeugungen bis zur Erde hinunter und dann noch drei Verbeugungen im Stehen, bei denen wir den Oberkörper so weit nach vorn strecken, bis er parallel zum Boden ist. Danach erst verbeugen wir uns vor unseren Meditationsbegleitern.

Dieses Ritual sollte sich mit der Zeit ganz normal in unseren Alltag einfügen und uns Freude bereiten. Wir sollten aber aufpassen, dass wir nicht verbissen werden. Eine dringend notwendige Störung von Familienmitgliedern oder Mitbewohnern muss möglich sein. Generell jedoch sollten wir bei dieser Gelegenheit ganz für uns allein sein dürfen.

Können wir unsere Familienmitglieder, unseren Partner, unsere Partnerin für eine gemeinsame Meditationszeit begeistern und mit einbeziehen, wäre dies natürlich sehr angenehm für uns. Aber auch wenn wir der Meinung sind, dass Meditation etwas Wunderbares ist und allen gut tut, müssen wir die anderen selbst entscheiden lassen – und ihre Entscheidung akzeptieren –, ob sie sich beteiligen wollen oder nicht, auch und besonders unsere Kinder. Vielleicht kann unser Partner, unsere Partnerin auch besser zu einer anderen Tageszeit meditieren. Dies alles sind Fragen des persönlichen Lebensstils, die gemeinsam geklärt werden sollten.

Die wöchentliche Zeit des Zazen

Nehmen wir uns einmal in der Woche eine längere Zeit für Zazen. Vielleicht haben wir einen Tag, an dem wir nicht zur Arbeit gehen müssen und an dem wir auch unsere Hausarbeit auf ein Minimum einschränken können, ansonsten bleibt uns der Samstag oder Sonntag. Frühstücken wir in aller Ruhe, nehmen wir ein erfrischendes Bad, hören wir unsere Lieblingsmusik, lesen wir in Ruhe ein Buch oder die Zeitung oder unsere Hobbyzeitschrift. Lassen wir den Fernseher ausgeschaltet. Das Leben fließt auch ohne weiter. Machen wir eine ausgedehnte Gehmeditation im Park, und sitzen wir vielleicht morgens, mittags und abends jeweils für eine halbe Stunde in Zazen an unserem »Kraftort«.

In einer Gruppe sitzen

Es ist im Allgemeinen sehr hilfreich, wenn wir regelmäßig mit anderen gemeinsam meditieren. Dazu können wir uns zum Beispiel einer bereits bestehenden Gruppe anschließen. Wohnen wir in einer größeren Stadt, sind die Chancen recht groß, dass es in unserer Nähe Menschen gibt, die sich regelmäßig zur Meditation treffen und mit denen wir sitzen können.

Wenn wir uns verbindlich für eine Gruppe entscheiden wollen, sollten wir diese Gemeinschaft sorgfältig aussuchen. Ein wichtiges Kriterium könnte die Frage nach der Struktur der Gruppe sein. Herrschen dort Hierarchie und Autoritätshörigkeit, oder gibt es ein demokratisches Bewusstsein? Denn auch im spirituellen Bereich, ganz gleich ob im Christentum, im Islam, im Buddhismus oder in sonst einer religiösen Vereinigung, kann es »Apartheitsdenken« und äußerst autoritäre Strukturen geben.

Ein zweiter Punkt, auf den wir bei der Auswahl der Gruppe achten sollten, ist gerade beim Zen die Frage, ob die Gruppe und der/die Lehrende bemüht sind, auch die Leichtigkeit des Zen und die gelassene Heiterkeit zu verwirklichen. Zen ist kein spiritueller Militärdienst. Für manche Menschen mag es förderlich sein, vielleicht auch nur für eine gewisse Zeit, sich den Kopf kahlzuscheren, schwarze Roben zu tragen und in sehr formaler, strukturierter Weise Zen zu üben. Dies kann hilfreich sein, aber es ist auf keinen Fall Voraussetzung für die Übung oder gar ein Synonym für das »wahre, einzig richtige Zen«. Nur im Lotossitz beim Meister sitzen und nur bei diesem üben zu dürfen, deutet auf eine Einseitigkeit hin, die auch Machtgehabe des Lehrers dokumentiert!

In den Ursprungszeiten des Ch'an waren – im Unterschied zu späteren Zeiten – Frauen und Männer gleichberechtigt. Außerdem war es Tradition, dass die Zenübenden von Kloster zu Kloster, von Meister zu Meister wanderten, um den Übungsweg zu erweitern und sich vielfältig zu verwirklichen. Folgen wir doch hier in Europa diesem demokratischen spirituellen Wanderpfad, und erfreuen wir uns an unserem Leben in Gelassenheit.

In jeder Gemeinschaft gibt es gewisse Regeln, die das gemeinsame Üben in Schweigen ermöglichen. Diese Regeln werden sich von Gruppe zu Gruppe unterscheiden; sie sind nicht zuletzt davon abhängig, welcher Tradition sich die jeweilige Gemeinschaft verbunden fühlt.

So sitzt man zum Beispiel in der Soto-Tradition des Zen mit dem Gesicht zur Wand, in der Rinzai-Tradition mit dem Gesicht zum Raum hin.

Wichtig ist, dass wir uns auf die speziellen Regeln dieser Gemeinschaft, an der wir in diesem Augenblick teilhaben, ohne Wenn und Aber einlassen, sie nicht an dem messen, was wir schon kennen. So üben wir, nicht an einmal Geübtem festzuhalten, sondern flexibel zu sein und immer offen für Neues.

Mit Freunden meditieren

Vielleicht gibt es auch in unserem Freundes- und Bekanntenkreis Menschen, die Lust haben, regelmäßig zu meditieren. Tun wir uns zusammen, und treffen wir uns regelmäßig in unserer oder einer anderen Wohnung. Vereinbaren wir eine Zeit nach Feierabend in der Woche oder am

Wochenende. Erfinden wir ein Ritual, das der ganzen Gruppe ein Gemeinschaftsgefühl vermittelt. Gemeinsam in Stille Tee zu trinken, zu rezitieren und sich zu verbeugen können zentrale Bausteine eines solchen Rituals sein. Es ist wichtig, dass wir darum bemüht sind, diese regelmäßigen Treffen auch einzuhalten – es sollte uns nicht nach einigen Wochen alles andere wichtiger und attraktiver erscheinen.

Wenn wir einen Garten haben, ist dies in der warmen Jahreszeit ein wunderbarer Ort, wo wir zusammen – oder auch allein – sitzen können. Vielleicht ist es uns möglich, eine ruhige, geschützte Ecke als »Zengarten« zu gestalten. Beispiele für klassische japanische Zengärten mit Moos, Kies und Steinen finden wir inzwischen in vielen Gartenbüchern beschrieben. Diese Gärten sind nicht groß, strahlen aber durch ihre Schlichtheit Ruhe und Konzentration aus und laden so zur Meditation ein. Eine weitere, sehr schöne Möglichkeit haben uns die ersten japanischen Meister vorgemacht, die in die USA kamen. Sie trafen sich mit ihren Schülerinnen und Schülern in Stadtparks zur Meditation und zur Teezeremonie. Wir sollten es ausprobieren und uns mit anderen an solchen Orten treffen und dort gemeinsam an einem stillen Platz meditieren.

Teezeremonie

Treffen wir uns mit anderen, um mit ihnen gemeinsam zu meditieren, so sollten wir versuchen, ab und zu auch etwas Besonderes zu tun, »Höhepunkte« zu gestalten, so vielleicht beim Geburtstag eines Gruppenmitglieds oder vor einer möglichen Sommerpause. Führen wir zum Beispiel bei einer solchen Gelegenheit eine kleine Teezeremonie durch.

Setzen wir uns mit unseren Sitzkissen kreisförmig hin. Stellen wir Blumen in die Mitte des Kreises und legen wir vor jede Matte ein Platzdeckchen. Der Gastgeber oder die Gastgeberin hat Tee vorbereitet und ein Zengedicht oder einen Zentext ausgewählt. Wenn alle Platz genommen haben, sitzen wir erst einmal für eine halbe Stunde (oder einen anderen vereinbarten Zeitraum) in stiller Meditation. Danach schenkt die gastgebende Person oder das Geburtstagskind den Tee in die Teeschalen, stellt sie auf ein Tablett, legt Plätzchen und Servietten dazu und reicht das Tablett an die Person neben ihr. Diese verbeugt sich, nimmt sich Teeschale, Keks und Serviette, stellt sie vor sich. Dann nimmt sie das Tablett und reicht es ihrerseits weiter.

Haben alle ihren Tee, so verbeugen wir uns gemeinsam. Jetzt wird das Zengedicht oder der Zentext vorgelesen; danach trinken wir gemeinsam und in Schweigen unseren Tee und essen den Keks. Anschließend verbeugen wir uns und rezitieren das Mantra *Om mani padme hum.*

Am Ende wird das Tablett wieder herumgereicht, und wir stellen unsere leere Schale darauf. Eine Teezeremonie dieser Art (die Sie natürlich vielfältig variieren können) ist schlicht, unkompliziert und für jeden und jede zugänglich. So sollten Zenrituale im Alltag sein: Das Einfache, Alltägliche, als etwas Besonderes gestalten.

Das Vierjahreszeitenfest

Haben wir gleichgesinnte Freundinnen und Freunde gefunden, mit denen wir uns regelmäßig zur Meditation treffen, können wir auch gemeinsam Jahreszeitenfeste feiern, einmal im Frühling, Sommer, Herbst und Winter. Dazu bereiten wir ein Abendessen vor, das der Jahreszeit entspricht, schmücken den Tisch der Jahreszeit entspechend und kleiden uns ein wenig festlich. Wir haben vorher vereinbart, den größten Teil des Abends im Schweigen zu verbringen. Wenn die Gäste kommen, empfängt der Gastgeber, die Gastgeberin sie mit tiefer Verbeugung.

Bevor wir uns zum Essen begeben, setzen wir uns zur Meditation zusammen. Anschließend kann jemand einen ausgewählten Text vorlesen, der zu diesem Zusammentreffen passt. Dann gehen wir zu Tisch. Wenn alle Platz genommen haben, schlägt die gastgebende Person eine Glocke. Alle verbeugen sich und jemand aus der Runde spricht ein »Tischgebet«. Ein Beispiel wäre:

»Alle Lebewesen sind heute auf der Suche nach Nahrung. Mögen sie alle genug zu essen finden.« Und

»Mögen alle Lebewesen in dem Kriegsgebiet (hier ein Land nennen, in dem augenblicklich Krieg herrscht) heute genug zu essen haben.« Oder

»Mögen alle Lebewesen in dem Naturkatastrophengebiet (aktuelles Erdbeben-, Überschwemmungs- oder Feuerbrunstgebiet nennen) heute genug zu essen haben.« Oder

»Mögen alle Lebewesen, die in den verstrahlten Gegenden unserer Erde leben, an verschmutzten Gewässern oder in abgeholzten Regenwäldern, heute gesunde Nahrung finden.« Oder

»Mögen wir selbst und all die Menschen, die wir lieben, heute und ein Leben lang genug zu essen haben.«

Essen wir dann in Schweigen und in Achtsamkeit. Fühlen wir, wenn wir den Käse essen, unsere Verbundenheit mit allen Wesen. Riechen, fühlen, schmecken wir die Provence und ihre vielfältigen Kräuterwiesen, die Schafe, den Schäfer, der diese melkt und die Milch zu Käse verarbeitet, fühlen wir die Sonne der Provence, die Erde der Provence, den Regen und den Wind. Erleben wir das Meer und wie sich die Landschaft der Provence daraus erhebt. Sehen wir, wie die Erde entsteht und wie der Kosmos sich bildet. Der Odem des ganzen Weltalls durchzieht den Käse aus der Provence. Schmecken wir ihn. Dieser Käse vereint sich mit unserem Körper. Er gibt uns Nahrung.

Der Schafskäse aus dem Süden Frankreichs verbindet uns mit dem ganzen Kosmos von Anbeginn bis heute. Atmen wir, essen wir dieses Wunder des Lebens, das uns Kraft und Energie spendet. Trinken wir dazu einen Wein aus der Toskana. Heben wir das Glas, blicken wir unseren Tischgenossen in die Augen. Dann schauen wir den Wein an, die tiefrote Farbe, fühlen mit den Händen am Glas seine angenehme Temperatur und riechen seinen vollblumigen Duft, das Bukett. Jetzt prüfen wir den Wein mit einem Schluck. Wir schmecken ihn, kauen ihn, lassen ihn im Mund zergehen und erst dann schlucken wir. Genießen wir die Sonne Italiens, die sanften Hügel der Toskana, den herrlichen Saft ihrer Reben. Verbeugen wir uns vor der künstlerischen Arbeit des Kellermeisters. Schauen wir wieder unsere Tischgenossen an, und spüren wir unsere Verbundenheit mit ihnen.

Nach dem Essen bedankt sich einer aus der Runde bei der Gastgeberin, dem Koch, bei den Reben und dem Kellermeister in der Toskana, den Schafen und dem Schäfer in der Provence, der Gemüse- und Obstgärtnerin und dem Bäcker des Brotes. Dann verabschieden sich die Gäste ruhig mit einer Verbeugung.

Orte der Zenübung

Wir sollten uns auch gelegentlich den Rückzug in ein Zenzentrum gönnen. Es bringt uns in Verbindung mit anderen Übenden, führt uns in ein Umfeld, in dem die Menschen ihre Lebensweise ganz bewusst vom Morgen bis Abend (und in der Nacht) in den Rhythmus der Zenübung stellen. Meist sind es Rückzugsstätten in der Stille der Natur. In Europa sind es heutzutage meist Meditationshäuser, in denen Menschen in einer Zengemeinschaft zusammenleben. Im Allgemeinen kann man nur zu festgesetzten Zeiten als Gast empfangen werden. Unter der Leitung eines Zenmeisters oder einer Zenmeisterin werden Wochenenden, so genannte *Sesshin* (Übungsperioden von meist fünf bis zehn Tagen) oder ganze Zenwochen angeboten. Sie finden in den allermeisten Fällen im Schweigen statt. Lassen Sie sich ein Programm zuschicken, studieren Sie es genau, und fragen Sie gegebenenfalls nach, ob mehrmalige Teilnahme Sie auf Dauer an einen Meister bindet oder ob Ihre Freiheit der Wahl für andere LehrerInnen und Orte erhalten bleibt. Dies ist wichtig zu wissen, denn wir sollten in eigener Verantwortung entscheiden, wie lange und wie oft wir bei wem üben möchten.

Die gelassene Heiterkeit, die Freiheit und die Toleranz des Meisters, der Meisterin sollten für uns eine wichtige Grundlage sein. Solch ein Mensch kann uns auf unserem spirituellen Weg begleiten und uns zu spiritueller Selbständigkeit führen. Wir sind erwachsen, wir brauchen keinen autoritären Übermenschen als Zenlehrer.

In traditionellen Zenklöstern leben Mönche oder Nonnen nach strengen Regeln, ähnlich wie in christlichen Klöstern. Auch Laien haben vielfach die Möglichkeit, für eine Übungszeit dort als Gast zu leben.

Im Westen haben sich daneben weitere Formen entwickelt: Stadtzentren, in denen regelmäßig unter Anleitung Zazenübung angeboten wird; in manchen christlichen Kirchen wird Zenmeditation durchgeführt; es gibt Zenzentren, buddhistische Meditationszentren, christliche Zentren, in denen verschiedene Zenlehrende ein Wochenende oder eine Woche leiten. Die Menschen üben dort gemeinsam von morgens bis abends abwechselnd Zazen und Gehmeditation. Der Zenlehrer oder die Zenlehrerin hält täglich einen Vortrag, und es besteht meist auch die Möglichkeit zum täglichen Einzelgespräch, in dem Sie über Ihre Meditationspraxis sprechen können, oder es gibt gemeinsame Gesprächsrunden über meditative Themen. Das jeweilige Programm und die Durchführung können sehr variieren. Lassen Sie sich auch hier das Programm zuschicken. Stürzen Sie sich nicht unvorbereitet in das Wagnis eines längeren Sesshin, besonders wenn es Ihr erstes sein sollte. Besuchen Sie erst einmal den Ort, und meditieren Sie dort mit. So bekommen Sie schon einen kleinen Einblick. Ansonsten können Sie sich auch erst einmal für ein Wochenende statt gleich für eine ganze Woche entscheiden.

Besuchen Sie verschiedene traditionelle Zenklöster, Zenlaienklöster, Zenzentren oder andere Orte, an denen Zen geübt wird. Entscheiden Sie sich erst dann für einen Ort, an den Sie sich immer wieder einmal zurückziehen, wenn Sie das Bedürfnis und die Gelegenheit dazu haben. Dieser Ort kann so allmählich Ihr spirituelles Zuhause, Ihre Heimat werden.

Ein modernes europäisches Zenzentrum oder Laienkloster will nicht in Konkurrenz treten zu traditionellen Klöstern. Sie sind etwas anderes, und es wird dort nach anderen Regeln gelebt.

Wunderbar ist es, dass in den letzten Jahrzehnten so viele Menschen im Westen ihren spirituellen Weg suchen und dass viele verschiedene

Orte entstanden sind, in denen sie sich zur Übung treffen, sich zurückziehen und ihren spirituellen Weg vertiefen können. In einem Zentrum oder Laienkloster gibt es meist keine Trennung zwischen Männern und Frauen; Ehepaare können hier zusammenleben, und oft können sie zu einem Familienretreat auch ihre Kinder mitbringen. An solchen Orten treffen sich oft Menschen aus verschiedenen Nationen und religiösen Traditionen. Sie sitzen gemeinsam, machen zusammen Gehmeditation, hören sich Vorträge an, diskutieren und arbeiten miteinander.

Für die meisten Menschen ist das alltägliche Leben heutzutage sehr stressbeladen. Sie leben in Großstädten, immer von vielen Menschen, von Lärm und Hektik umgeben, mit Autos, Maschinen und künstlichem Licht bei Tag und Nacht, sind Arbeitszeiten unterworfen, die nichts mehr mit natürlichen Rhythmen zu tun haben. So brauchen die meisten, die sich für eine Vertiefung des spirituellen Weges entscheiden, zur Selbstfindung erst einmal viel Natur und die Möglichkeit des Alleinseins. Für den stressgeplagten Großstädter ist es im Allgemeinen sehr entspannend, in kleinen Gruppen zu meditieren und sich viel draußen in der freien Natur aufzuhalten. Mit fünfzig Menschen auf einmal von morgens bis abends in einem Raum mit heruntergelassenen Jalousien zu sitzen und zu gehen ist für viele eher belastend als hilfreich. Wir sitzen schon in unserem Alltag oft genug auf ähnliche Weise: bei abgedunkeltem Fenster vor dem Computer, vor dem Fernseher, im Kino, mit vielen Menschen in der U-Bahn oder im Bus. Für ein Wochenende oder zehn Tage benötigen wir eher eine physische und psychische Entspannung, die zum Loslassen des Berufsalltags und zum Einklang mit der Natur führen, als die psychische und physische Belastung eines Dreiwochenretreats mit strenger Disziplin von morgens fünf Uhr bis abends zehn Uhr in ungewohnter Sitzhaltung und Schweigen. So etwas sollten wir uns erst nach längerer Übungszeit zumuten. Wir besteigen ja auch bei unserer ersten Bergwanderung nicht gleich den Mont Blanc. Die Zenübung soll uns wieder in Verbindung bringen mit einem natürlichen Leben und uns so die Leichtigkeit eines spirituellen Weges eröffnen. Dann kann sich auch spirituelle Heiterkeit in unserem Dasein entfalten.

Leitfäden auf dem Zenweg

Zum Schluss möchten wir Ihnen noch *13 Tore zur Übung der Achtsamkeit als Leitfäden auf dem Zenweg* vorstellen.*

Wir können die Leitfäden an Vollmondtagen lesen oder an anderen besonderen Tagen, wenn wir zum Beispiel mit gleichgesinnten FreundInnen einen ganzen oder halben Tag zusammen in Achtsamkeit verbringen möchten. *»Wenn eine Gelegenheit für Übungen vorhanden ist, führe diese aus; wenn die Gelegenheit vorüber ist, gib Ruhe.«* (Huang-po)

* Einige dieser 13 Tore sind von der ersten Version der 14 Regeln des Tiêp-Hiên-Ordens inspiriert. Dieser buddhistische Orden wurde 1964 von Thich Nhat Hanh in Vietnam gegründet.

Betreten wir den Weg der Achtsamkeit immer wieder und immer neu mit voller Konzentration auf unseren Atem, und passen wir alle Aktivitäten unseres Geistes und unseres Körpers diesem Atemrhythmus an. Treten wir immer wieder voll und ganz von Augenblick zu Augenblick durch das Tor zur Übung der Achtsamkeit, und verbeugen wir uns durch unser alltägliches Tun in dem Einen Geist. Versuchen wir, nichts zu beurteilen, nichts zu verurteilen, nicht uns selbst und auch nicht andere Lebewesen und Erscheinungen. Wir brauchen nichts zu versprechen, nichts zu geloben und keine Vorsätze zu fassen, denn alles Seiende ist ohne Raum und Zeit im Hier und Jetzt. Treten wir deshalb beim Lesen und Hören voll und ganz mit allen unseren Sinnen in diesem Augenblick durch dieses eine Tor der Achtsamkeit.

Erstes Tor:
Alle Formen von Lehrmeinungen und Theorien, seien sie nationaler, politischer, sozialer, kultureller oder religiöser Art, sind vorläufig und unbeständig, aber unserer Achtung wert.

Zweites Tor:
Unser derzeitiges Wissen enthält keine absolute Wahrheit. Andere Überzeugungen sind unseren gegenwärtigen Ansichten ebenbürtig, und die Wahrheit ist nur in der Vielfältigkeit und im ständigen Wechsel des Lebens zu finden.

Drittes Tor:
Alle Wesen auf unserer Erde und im ganzen Universum haben ein Recht auf ihre Existenz und unseren Respekt.

Viertes Tor:
Alle Menschen – auch Kinder und alte Menschen – haben ein Recht auf eigene Lebensführung, auf eigene Lebenseinstellung und ein Recht auf Fehlbarkeit.

Fünftes Tor:
Milliarden von Menschen hungern, leben in unwürdigen Verhältnissen oder sind auf der Flucht.

Durch unseren achtsamen Umgang mit Lebensmitteln, Konsumgütern, Naturvorräten und der Technik sowie durch unser soziales und politisches Engagement können wir eine helfende Verbindung zu den hungernden und leidenden Menschen in der Welt schaffen.

Sechstes Tor:
Durch Achtsamkeit auf unsere Worte, Gedanken und Handlungen können wir zum Frieden in dieser Welt beitragen – zum friedvollen Zusammenleben der Menschen untereinander, mit der Natur und dem ganzen Kosmos.

Siebtes Tor:
Die Übung des achtsamen Atmens führt uns in den gegenwärtigen Augenblick zurück und bringt uns in Berührung mit dem Erfrischenden, dem Heilenden, mit der Lebensfreude und der Energie in uns und um uns herum.

Achtes Tor:
Durch Achtsamkeit auf unseren Atem können wir den Ursprung und das Wesen unserer Sinne, Gefühle und Wahrnehmungen erkennen und verstehen.

Neuntes Tor:
Achtsamkeit im Gehen, Stehen, Sitzen und Liegen bringt uns in Harmonie mit allen Lebewesen und öffnet uns die Augen für die alltäglichen Wunder dieser Welt.

Zehntes Tor:
Durch Achtsamkeit in der Kommunikation mit Wort, Bild, Schrift und Gebärde wird unser Engagement entwickelt, einerseits zerstörende Kräfte zu entschärfen und Illusionen zu durchschneiden und anderseits Verständnis, Vertrauen, Versöhnung und gegenseitige Hilfe aufzubauen.

Elftes Tor:
Der Duft des Zen entfaltet sich in unserem alltäglichen Tun. Daher ist Achtsamkeit auf jegliche körperliche Bewegung und das, was wir Arbeit nennen, im Rhythmus des Atems der Schlüssel zum Zen.

Zwölftes Tor:
Unser Körper ist ein wundervolles Geschenk. Durch Achtsamkeit auf unseren Körper und seine liebevolle, pflegliche Behandlung unterstützen wir seine Gesundheit und vitalen Energien für die Verwirklichung unseres Weges, zum tätigen Helfen und Heilen in der Welt.

Dreizehntes Tor:
Geburt und Tod gehören zu unserem Leben. Durch die Übung der Achtsamkeit ist uns bewusst, dass es dem natürlichen Kreislauf entspricht, dass in jedem Moment Leben geboren wird und Leben stirbt.
Wir verneigen uns in Ehrfurcht vor dem Tod aller Lebewesen.
Wir verneigen uns in Ehrfurcht vor der Geburt aller Lebewesen.

SCHLUSSWORT

Vor kurzem unterhielten wir uns mit einem bekannten Dominikanermönch und Priester.

Er erging sich in begeisterten, lobenden Worten über den Weg der Achtsamkeit, den Weg des Zen; über die gelassene Heiterkeit, über die Leichtigkeit und über die Harmonie zwischen Körper, Geist und Seele. Auch sprach er über die Erfahrung des Wirkens des Einen Geistes und seiner Herrlichkeit. Er wusste Bescheid! Auf unsere Frage, wie lange und wie oft er den Zenweg übe, antwortete er: »Zu meinem Bedauern habe ich leider, leider so wenig Zeit. Später, später, wenn ich meine wissenschaftlichen, theologischen und religionsvergleichenden Arbeiten abgeschlossen habe, dann, ja dann werde ich es ganz bestimmt tun. Wir haben einen Mitbruder, der sehr zurückgezogen lebt und schon viele Jahre Zen übt. Ich werde dann zu ihm gehen und mit ihm üben. Darauf freue ich mich schon!«

Neuerdings hören wir auch immer öfter von den Herren in den Chefetagen, dass sie einen Zenkurs absolviert haben und sogar ein Kissen und eine Matte besitzen. »Zen«, so erklären sie uns sehr freundlich, bestimmt und überzeugend, »ist sehr interessant! Zen ist der Weg des Managements! Zen hat Zukunft! Es bietet all das, was wir künftig zunehmend brauchen! Es führt zur Aktivität! Zur Konzentration! Zur Spontaneität! Zur Intuition! – Alles hervorragende Eigenschaften, über die ein Mann in meiner Position verfügen muss! Zum Sitzen fehlt mir aber leider, leider die Zeit bei all den Terminen. Demnächst werde ich mir aber mal wieder ein Wochenende freizumachen versuchen und zur Zenübung kommen.«

Und Sie? Was denken Sie – jetzt, nachdem Sie dieses Buch gelesen haben?

Quellen

Besserman, Perle / Steger, Manfred: *Verrückte Wolken, Zen-Meister, Zen-Rebellen.* Berlin: Theseus, 1999, (S. 47, 48)

Han Shan: *150 Gedichte vom kalten Berg.* Köln: Diederichs, 1984, (S. 14)

Meister Ryokan: *Alle Dinge sind im Herzen.* Freiburg i. Br.: Herder, 1999, (S. 31, 90, 108, 118)

Stevens, John: *Leben und Dichtung des Ryokan-Osho.* in ZEN, Nr. 13 u. 14. Lautzerath: Zen-Verlag 1991, (S. 15, 74, 80, 106, 108)

Thich Nhat Hanh: *Das Sutra des bewußten Atmens.* Berlin: Theseus, 1990, (S. 25 f.)

Vollmond und Zikadenklänge (Haikus). München, 1955, (S. 13, 52, 54, 55, 60, 61, 144)

Wir sind Teil der Erde (Rede des Häuptlings Seattle an den 14. Präsidenten der USA). Olten: Walter, 1982, (S. 23)

Literatur

Aitken, Robert: *Ethik des Zen.* München: Diederichs, 1989

Aitken, Robert: *Zen als Lebenspraxis.* München: Diederichs, 1988

Bankei Eitaku: *Die Zen-Lehre vom Ungeborenen.* Bern: Scherz, 1988

Beck, Charlotte Joko: *Zen im Alltag.* München: Droemersche Verlagsanstalt, 1993

Besserman, Perle: *Zen oder die Kunst, das Leben zu meistern.* Freiburg i. Br.: Herder, 1998

Besserman, Perle / Steger, Manfred: *Verrückte Wolken, Zen-Meister, Zen-Rebellen.* Berlin: Theseus, 1999

Leong, Kenneth S.: *Jeseus – der Zenlehrer, Das Herz seiner Lehre.* Freiburg i. Br.: Herder, 2000

Packer, Toni: *Der Moment der Erfahrung ist unendlich, Meditation jenseits von Tradition und Methode.* Berlin: Theseus, 1998

Suzuki, Shunryu: *Zen-Geist, Anfänger-Geist.* Berlin: Theseus, vollst. überarbeitete Aufl. 2000

Thich Nhat Hanh: *Der Geruch von frisch geschnittenem Gras, Anleitung zur Gehmeditation.* Lautzerath: Zen-Verlag, 2. vollst. überarbeitete Aufl. 1998
ders.: *Das Wunder der Achtsamkeit.* Berlin: Theseus, 1988
ders. *Das Wunder des bewussten Atmens.* Berlin: Theseus, 2000

Adressen

Wenn Sie eine Zengruppe in Ihrer Nähe suchen oder ein Zenmeditationszentrum, können Sie sich an folgende Adressen wenden:

Deutsche Buddhistische Union (DBU) e.V.
Amalienstr. 71
D-80799 München
Tel. 089 / 280 104, Fax 089 / 281 053

Österreichische Buddhistische Religionsgemeinschaft (ÖRB)
Fleischmarkt 16
A-1010 Wien
Tel. & Fax (0043) – 01 / 512 37 19

Schweizer Buddhistische Union (SBU)
Wiedingstr. 18
CH-8055 Zürich
Tel. (0041) 01 / 461 15 24

Informationen zu Zengruppen, die in christlicher Tradition stehen, erhalten Sie bei:

Meditationshaus
Sankt Franziskus
Klostergasse 8
92345 Dietfurt
Tel. 08464 / 65 20

Zu den Autorinnen

Adelheid Meutes-Wilsing, Eiflerin und Mutter zweier erwachsener Kinder, lebte 5 Jahre in Italien und arbeitete bis 1999 als Lehrerin in der Eifel. Seit 1973 übt sie Zen bei verschiedenen MeisterInnen.

Judith Bossert, Niederländerin, war 15 Jahre lang katholische Nonne und geht seit 1971 den Zenweg. Sie übt Zen bei verschiedenen MeisterInnen. Von 1974 – 1988 leitete sie das Zenzentrum Theresiahoeve in der Nähe von Nijmegen. 1989 siedelte sie in die Eifel über.

Gemeinsam haben die beiden Zenfrauen das Laienkloster ZENKLAUSEN in der EIFEL aufgebaut, das sie seit 1992 leiten.

Im Naturpark Eifel-Ardennen gelegen, bieten die Zenklausen die Möglichkeit eines zeitlich begrenzten Rückzugs in die Stille, die Natur. Es ist ein Ort der Ruhe, an dem Lebenskrisen überdacht oder neue Lebenswege geplant werden können, an dem Achtsamkeit in allem Tun die spirituelle Erfahrung reifen läßt. In die Zenklausen kann jede und jeder das ganze Jahr über (nach Anmeldung) kommen und so lange bleiben, wie er oder sie das möchte. Es besteht die Möglichkeit, in »Einzelklausen« zu leben und sich mehr ins Schweigen zurückzuziehen oder sich, im Haupthaus lebend, aktiv in die Gemeinschaft einzubringen.

ZENKLAUSEN in der EIFEL
Huffertsheck 1
D-54619 Lautzerath
Tel. 06559 / 467
Fax. 06559 / 1342
e-mail: ZENKLAUSEN@t-online.de
http://www. Zenklausen.de

In der Klause mein
sind die Mücken klein und still –
andres hab' ich nicht.
Bashô